AF579910

L.-F. ALLART

UNE REPRISE DE HERNANI

A-PROPOS EN VERS

LE MODÈLE

SILHOUETTE D'ATELIER, EN UN ACTE EN VERS

PARIS
IMPRIMERIE JULES CLAYE
A. QUANTIN, SUCCESSEUR
7, RUE SAINT-BENOIT, 7

1878

UNE REPRISE

DE

HERNANI

—

LE MODÈLE

L.-F. ALLART

UNE REPRISE DE HERNANI

A-PROPOS EN VERS

LE MODÈLE

SILHOUETTE D'ATELIER, EN UN ACTE EN VERS

PARIS
IMPRIMERIE JULES CLAYE
A. QUANTIN, SUCCESSEUR
7, RUE SAINT-BENOIT, 7

1878

UNE REPRISE

DE

HERNANI

A MADAME

SARAH BERNHARDT

La soirée du 21 novembre a été pour vous, Madame, un magnifique triomphe dont le maître vous a glorifiée dans des termes qui excluent toute autre louange. Souffrez pourtant que je vous dise que vous avez été digne du poète et de son œuvre, digne de la double Royauté dont il vous a sacrée ; et que, dans ce beau rôle de Doña Sol, que j'ai vu interpréter souvent, vous m'avez laissé une impression que je n'avais jamais ressentie.

ALLART.

UNE REPRISE

DE

HERNANI

21 NOVEMBRE 1877

I.

L'affiche pour le soir annonce *Hernani*,
Et ce nom brusquement m'a comme rajeuni;
Je sens que mon cœur bat plus vite en ma poitrine
Et qu'un souffle plus fort vient gonfler ma narine.
Hernani! nom magique, et doux, et triomphant,
Que j'avais autrefois, jeune homme, presque enfant,
Applaudi bruyamment, comme on fait à cet âge,
Des pieds, des mains, de tout, avec fureur et rage!
Fêtant dans son aurore et sa jeune saison
L'astre dont la lueur empourprait l'horizon.
Hernani! ce mot-là rappelle les batailles,
Les coups portés, rendus, l'assaut, les représailles,
Le vieux système, à bout d'héroïques efforts,
Forcé de se soumettre et d'accepter le mors.

C'est à ce moment-là que l'on vit par la ville,
Près du théâtre, errer l'interminable file
D'êtres bizarrement accoutrés, chevelus,
Barbus, rébarbatifs ; poussant jusqu'à l'abus
Le mépris de la mode ; ayant dans leur toilette
Tous les pays et tous les âges : collerette,
Pourpoint, plaid écossais et béret espagnol,
Souliers à la poulaine et chapeau du Tyrol,
Manteau court Henri trois et spencer à l'anglaise.
Même l'on en vit un qui portait une fraise
Rappelant assez bien la Saint-Barthélemy,
Beaucoup de Jean Goujon, un peu de Coligny.
Théophile Gautier, dans ce bariolage,
Étonnait, rayonnait ! Son gilet à ramage,
Avec son pantalon gris-tendre, était criard ;
Sa cravate ponceau défiait le regard ;
Et d'un cône excessif sa longue chevelure,
Tombant à flots serrés, inondait sa ceinture.
On voyait là Balzac, les deux Devérias,
Charlet, Français, Gérard de Nerval et Dumas,
Berlioz et Musset, Gigoux et Jules Claye,
Tolbecque, Célestin Nanteuil, Arsène Houssaye,
Louis Boulanger, Nodier, Pétrus-Borel, Thierry,
Tilmant, Maquet, Langlé, Lemot et Bouchardy.

J'en passe et des meilleurs!... Ils allaient côte à côte,
Sages, non provoquants, mais fiers, la tête haute;
Austères, déjà mûrs avec un front vermeil,
Ayant ou se faisant une place au soleil.
Le chef d'escouade avait avec lui sa recrue;
Ils marchaient lentement, sans bruit et sans cohue.

En voyant défiler ces groupes alignés,
Les bourgeois s'arrêtaient, ahuris, indignés.
Ces braves gens prenaient, assistant à ces fêtes,
Le Théâtre-Français pour le cap des Tempêtes,
Et craignaient de ses bords, rien moins qu'hospitaliers,
De ne pouvoir chez eux revenir tout entiers.
En songe ils revoyaient les ardentes crinières
Qui, le soir dans la salle, ondoyaient aux lumières;
Ils rêvaient de sifflets, bravos, gourmades, coups,
Cartels, et,... le dirai-je?... un peu... trognons de choux[1]!
Oh! oui, ce furent là d'orageuses soirées;
Terribles! car, ainsi qu'en de hautes marées,
Le flot du romantisme atteignait jusqu'aux cieux
Emportant le passé dans son cours furieux.
La fièvre était partout, et partout la colère.

1. Balzac en reçut un dans la mêlée. (Voir pour ce fait et quelques autres détails, *Victor Hugo raconté par un témoin de sa vie.*)

Quel était donc cet homme à l'allure si fière,
Qui venait, sans vergogne et sans respect du temps,
A la barbe des vieux jeter ses vingt-cinq ans ?
Qui devant les anciens ne courbait pas l'échine
Et renversait du pied l'autel de la routine ?
Était-ce bien à lui, ce petit rimailleur,
De se poser en maître avec cet air vainqueur ?
Et ne devait-il pas, près des anciens modèles
S'inspirer sans rêver des formules nouvelles ?
Voudrait-il, par hasard, nous mener par le nez ?
Et prétend-il montrer un art bien raffiné
Quand il fait dire au Roi, dans son piteux grimoire :
« *Croyez-vous donc qu'on soit à l'aise en cette armoire?* »
Ou bien, quand il en sort : « *A ce qu'il me paraît,*
Je ne chevauchais pas à travers la forêt! »
Encor : « *C'est l'écurie où tu mets d'aventure*
Le manche du balai qui te sert de monture. »
Comme on sent que c'est bien un roi qui parle ! Et puis :
« *Oui, de ta suite, ô Roi! de ta suite j'en suis!* »
Quel éclat dans le vers! quel charme dans l'idée!
Et cette scène aussi, sans fin, dégingandée,
Où le vieil hidalgo montre au roi furieux
Toute une légion de grotesques aïeux!
Avec son boniment qui fait pouffer de rire,

Il a l'air de montrer des figures de cire!
On pourrait là-dessus passer à la rigueur;
Ce n'est que ridicule, insensé; mais l'horreur
C'est que, dans le même acte, à l'endroit pathétique,
Hernani dise au Duc : « Va-t'en, *vieil as de pique*[1]! »
— Vieil as de pique! mais, monsieur, vous vous trompez,
Ce n'est pas « as de pique ». Il dit à Ruy Gomez :
« Vieillard stupide! il l'aime! — Est-ce sûr? — Je l'atteste!
— Tant pis!... j'en suis fâché; c'était digne du reste.
Vieillard stupide! oh! très-joli!!... Passons encor.
Mais la fin, cher monsieur, la contrainte par Cor!
Nous tombons dans la farce, et l'idée est bouffonne :
Tout ce monde qui meurt parce qu'un cor résonne!
Allez, c'est une honte et le moment viendra,
Où d'être bafoué l'on se fatiguera.
A ce propos, un jour, je veux vous faire rire;
Je connais un quatrain!... que je vous ferai lire.
La chose est, paraît-il, d'un certain Nodier.
Impossible, je crois, de mieux parodier
Ces vers baroques, durs, rauques, sans harmonie,
Où le galimatias remplace le génie :

1. L'anecdote est racontée par Théophile Gautier qui l'affirme, comme en ayant été le témoin. (Voir le *Dictionnaire* de P. Larousse, au mot Hernani, tome IX, page 232, 4e colonne.)

Quel que soit son auteur, ce quatrain a vengé
La raison méconnue, et l'Olympe outragé[1].
Ah! vous croyez pouvoir, sans pudeur ni scrupule,
Vous moquer de la règle! Oui, mais le ridicule
Est là qui vous attend, messieurs les novateurs,
Et ce n'est pas fini... Salut aux entendeurs!

Autour du Dieu gravite une troupe folâtre
Qui fait des mots. On dit : *hugophile, hugolâtre,*
Hugophobe... (vulgò *Fossile*) et *Rococos!*
Les rococos, c'est nous. Prononcer : *idiots.*
Mais qui vivra verra... Le bon goût se révolte;
Et ce qu'on a semé toujours on le récolte!...
Le Dieu finira mal!... — Il a très-mal fini
Puisque après cinquante ans on reprend *Hernani.*

Donc, ce jour-là, tout plein d'une ardeur enfiévrée,
Au théâtre je cours demander une entrée.

1. Voici ce quatrain, qui n'est peut-être pas tout à fait contemporain de la première représentation de *Hernani*, mais que nous reproduisons comme curiosité du temps un peu oubliée aujourd'hui :

Où, ho! Hugo! huchera-t-on ton nom?
Justice enfin faite que ne l'a-t-on!
Quand donc au corps qu'académique on nomme
Grimperas-tu de roc en roc, rare homme?

Je n'avais fait qu'un bond, mais j'arrivais trop tard ;
Les bureaux n'ouvraient pas; de place nulle part.
La salle était bondée; et cette œuvre malsaine,
Qui blesse la raison, déshonore la scène,
Passionnait la foule au point que, pour la voir,
Je dus me contenter d'un fauteuil de... couloir.
Mais, au moins, de quel monde était-elle remplie ?
Et par quel ramassis était-elle assaillie,
Violée (Il faut bien que l'on dise le mot),
Cette salle ce soir condamnée à l'argot ?
Sans doute l'on verra sur les bancs une horde
D'êtres pâles, furtifs, gens de sac et de corde;
De gueux dépenaillés aux vêtements crasseux
Que l'émeute et la faim font sortir de chez eux ;
Des chignons dans le dos et des poings sur les hanches ?
— Eh! bien!... des habits noirs et des cravates blanches!
Des femmes au maintien modeste et réservé,
Belles et chastes!... Quoi?... Qu'est-il donc arrivé ?
Du monde comme il faut!... Cela tient du miracle !
Le directeur, bien sûr, a changé le spectacle !
— Mais non ; le rideau lève et mon doute s'en va ;
C'est le palais du duc Ruy Gomez de Silva.
Au sourd frémissement succède le silence ;
Don Carlos est en scène et le drame commence.

II.

L'exposition est belle et simple. Le duc,
Par le cœur toujours jeune et par l'âge caduc,
Garde dans son palais la fille de son frère,
Doña Sol, à laquelle il a servi de père.
Or, pendant qu'il veillait à ce poste sacré,
Son âme s'est ouverte et l'amour est entré.
Il aime Doña Sol. Elle sera sa femme.
De son consentement il se croit sûr. La flamme
Dont il est consumé rajeunit ses vieux ans;
Quand sa tête est de neige, il rêve du printemps.
Des bois sourds, des prés verts et des fleurs diaprées.
Il a des visions de plaines éthérées;
Son œil brille, et son front si noble et si loyal
Resplendit. Mais voilà qu'en son palais ducal
Deux hommes sont entrés au milieu de sa joie,
Ayant même dessein, guettant la même proie;
Hardis, entreprenants, tous deux jeunes et beaux.
Hernani le bandit et le roi don Carlos;

Inconnus l'un à l'autre, et de la même femme
L'un amoureux et l'autre amant. Ici le drame
S'annonce nettement et se dessine. C'est
Le bandit que l'on aime et le roi que l'on hait.
Leur colère jaillit par brusques échappées.
Déjà l'air retentit du choc de leurs épées.
Don Ruy Gomez arrive et demande pourquoi
Ces étrangers se sont introduits sous son toit.
« Nous sommes trois chez vous ; c'est trop de deux, madame ! »
Dit-il, et de ses yeux on voit jaillir la flamme.
Puis, sur les jeunes gens arrêtant son regard :
« Il vous faut un hochet ; vous prenez un vieillard !
Oh ! vous l'avez brisé, ce hochet ; mais Dieu fasse
Qu'il vous puisse en éclats rejaillir sur la face ! »
Il dit, et semble un spectre échappé du tombeau.
A son aspect l'épée est rentrée au fourreau ;
Et le roi don Carlos devant cet anathème,
Surpris et confondu se sert d'un stratagème :
Si de cette maison il a franchi le seuil,
Certe ! il ne devait pas s'attendre à cet accueil.
De Maximilien, empereur d'Allemagne,
On annonce la mort. Par le fait, la campagne
Entre les prétendants s'ouvre ; et le roi venait
Demander là-dessus conseil à son sujet.

Cette explication, faite d'un air tranquille,
Suffit à désarmer le vieillard trop docile.
Il s'apaise, inclinant le front devant son roi.
Cependant Hernani, le cœur saisi d'effroi,
S'est senti pénétrer d'une horreur non pareille
Quand le nom de Carlos a frappé son oreille,
De Carlos dont le père a fait périr le sien.
Il existe entre eux deux ce terrible lien!
Aussi lorsque le roi, pour protéger sa fuite,
Le désigne au vieux duc comme étant de sa suite :
« Oui, de ta suite, ô Roi ! de ta suite !... j'en suis ! »
Rugit-il. « Nuit et jour pas à pas je te suis.
Le jour, tu ne pourras, ô Roi ! tourner la tête
Sans me voir immobile et sombre dans ta fête !
La nuit, tu ne pourras tourner les yeux, ô Roi !
Sans voir mes yeux ardents luire derrière toi ! »
On sent qu'avec la mort cet homme a fait un pacte ;
Et sur ce fier cartel finit le premier acte.

III.

L'acte suivant nous mène en face du palais
Du duc ; un carrefour. — Déjà d'un voile épais
La ville est obscurcie. Un homme est là qui guette
Le moment opportun de quitter sa cachette.
Il a surpris ces mots dits au milieu du bruit
Par Doña Sol : « Demain, dans la rue, à minuit.
Lorsque vous y verrez la lumière paraître,
Vous frapperez des mains trois coups à ma fenêtre. »
La lumière paraît. Il frappe les trois coups
Et doña Sol descend : « Hernani, c'est bien vous ? »
Mais l'inconnu, craignant que sa voix le trahisse,
Reste muet. Doña Sol avance. Il se glisse
Et dans ses bras hardis il cherche à la saisir.
Doña Sol se débat et se sent défaillir.
« Doña Sol, c'est ton roi ! C'est Carlos, mon infante !
Ce n'est pas ton bandit. » Mais elle, frémissante :
« Arrêtez, monseigneur ! Sire ! n'approchez pas.
N'êtes-vous pas honteux de descendre si bas

Que de venir la nuit prendre une pauvre femme ?
Ce que vous faites là, c'est lâche, c'est infâme !
Si Dieu faisait le rang à la hauteur du cœur,
Le bandit serait roi, vous seriez le voleur !
— Cet Hernani, mais c'est un rebelle. — Je l'aime !
— O Doña Sol ! ton roi t'offre le rang suprême,
Son trône pour un mot; son nom pour un regard !
— Je ne veux rien de vous, sire, que ce poignard !
Dit-elle en arrachant celui qu'à sa ceinture
Porte le roi Carlos ; à présent je suis sûre
De n'avoir plus à craindre ici pour mon honneur.
Un pas ; et je me tue ! Approchez, monseigneur !
Je vous attends ! — Eh bien ! puisqu'il faut vous réduire,
Je ne suis plus l'amant qui prie et qui soupire,
Je suis le roi qui veut, ordonne. Holà ! quelqu'un !
J'ai mes hommes tout près. — Vous en oubliez un ! »
Lui murmure une voix connue à son oreille.
« Ah ! c'est comme cela, monseigneur ! A merveille !
Et vous faites céans un fort joli métier,
Le métier de voleur... Essayez de nier !
— Mais je suis votre roi, votre seigneur ! — Il raille !
Moi qui suis un bandit, pour être à votre taille
Il me faudrait descendre ; entendez-vous, Carlos ?
Oh ! moi, je ne crains rien, la mort ni les bourreaux.

Défendez-vous ! — Frappez ! — Que vous faut-il encore ?
Oh ! tenez, je vous hais ; tenez, je vous abhorre !
Allez-vous vous défendre enfin, lâche ? Tenez,
Je ne me connais plus. En garde ! — Assassinez !
— Mais hier votre épée a rencontré la mienne.
— Hier, soit ! Aujourd'hui, bandit ! qu'il vous souvienne
Que je suis votre roi, que les rois sont sacrés !
— Les rois ! Tu te battras ! — Vous assassinerez ! »
Mais il faudrait citer la scène tout entière.
Le roi droit, impassible, avec sa tête altière,
Sort fièrement : « Monsieur, vous qui parlez ainsi,
Ne demandez un jour ni grâce ni merci ! »

IV.

L'acte suivant se passe encore à Saragosse.
Dans le palais du duc. On prépare la noce.
Car dans une heure il doit épouser Doña Sol.
Il sent se réchauffer son vieux sang espagnol.
Il la couve, il lui dit de doux mots à l'oreille :
Il l'appelle son bien, son trésor, sa merveille.
Il est jaloux du pâtre insouciant, profond,
Jaloux de son œil noir et de son jeune front.
Il donnerait, dit-il, pour son rire sonore,
Sa naïve chanson, sa grâce qu'il ignore,
Son vieux donjon ducal, ses guérèts et ses bois,
Pour redevenir jeune et beau comme autrefois !
Pourtant le feu jaillit de sa fière prunelle :
Il rit ; il a dans l'âme une fète éternelle :
« Mais, vite, habillez-vous, ne perdez point de temps ;
Lorsque l'on a mon âge on compte les instants,
Et l'on sent que l'on touche au terme du voyage.
Ne soyez qu'un moment ! » Elle sort. Entre un page.

« Voyons, que me veux-tu ? — Seigneur, un pèlerin
Est là, qui vient de faire un dur et long chemin ;
Il arrive, dit-il, à l'instant dans la ville ;
Il frappe à votre porte et vous demande asile.
— Qu'il vienne, dit le duc, qu'il vienne ! quel qu'il soit
Le bonheur entre avec l'étranger qu'on reçoit. »
Entre le pèlerin. Son large froc de bure,
Le long bâton qu'il porte et son humble posture,
Tout en lui dénote un de ces hommes pieux
Qui vont dévotement visiter les saints lieux.
« Paix et bonheur à vous, seigneur, et longue vie !
— A toi paix et bonheur ! Sieds-toi, je t'y convie
Mon hôte. Tu reviens sans doute d'Armillas ?
— Non, car on s'y battait. — Qui donc ? — Je ne sais pas.
— Moi, je le sais, et puis t'en donner la nouvelle.
Ce qui se battait là, c'est la troupe rebelle
Du bandit Hernani. Le connais-tu ? — Moi, non.
— Il est pourtant célèbre et d'illustre renom.
Si tu vas à Madrid, tu pourras le voir pendre.
Il est au ban ; sa tête est à qui veut la prendre.
Mille carolus d'or à qui le livrera.
— S'en trouvera-t-il un ? — Certe, il s'en trouvera !
Mais ce n'est pas de lui qu'il s'agit à cette heure.
Mon hôte, quand on a franchi cette demeure,

On est libre de dire ou de cacher son nom.
Moi, je suis Ruy Gomez. Toi, tu t'appelles?... Non?...
A ton gré. Mais voici venir ma fiancée;
Venez donc, mon amour, mon rêve et ma pensée!
Arrivez, nous serons en retard, mon trésor!
— Qui veut gagner ici mille carolus d'or? »
Ces mots font frisonner et jettent l'épouvante.
Un homme est là, debout, la lèvre frémissante.
Sa voix dans le palais sonne comme l'airain.
Il jette et foule aux pieds son froc de pèlerin:
« Ah! vous voulez savoir, seigneur! comme on m'appelle!
J'ai pour nom Hernani, le proscrit, le rebelle!
Mille carolus d'or à gagner avec moi!
— Cet homme est fou! — Je suis Hernani! — Chut! tais-toi!
Fusses-tu Hernani, fusses-tu cent fois pire;
Pour ta vie, au lieu d'or, offrît-on un empire,
Mon hôte, je te dois protéger en ce lieu
Même contre le roi, car je te tiens de Dieu!
Que je meure s'il tombe un cheveu de ta tête!
Je vais baisser la herse et placer la vedette. »
Il sort et Doña Sol reste avec Hernani.
« La parure est charmante et d'un goût infini!
Je vous fais compliment!... Pour tout cela, Madame,
Qu'avez-vous donné? rien ou presque rien... votre âme!

Hernani!... — Et l'écrin!... Oh! ces ciseleurs font
De merveilleux bijoux!... — Regardez donc au fond!
C'est le poignard qu'avec l'aide de ma patronne
Je pris au roi Carlos lorsqu'il m'offrit un trône,
Et que je refusai pour vous qui m'outragez!
Serait-ce de ma foi que vous me dégagez?
— Qu'entends-je? ô malheureux! — Ami, je vous pardonne
Et jure d'être à vous ou jamais à personne.
— Pardonné! Doña Sol! ô répète ces mots!
La bouche d'une femme a guéri tant de maux!
Oh! je t'aime, vois-tu, d'une amour bien profonde!
Je voudrais être Dieu pour te donner le monde;
Mais je ne puis t'offrir que l'exil... le trépas!
— Je vous aime! — O bonheur!... — Vous ne m'attendiez pas!
Dit le duc qui revient et les surprend. Cet homme,
Ce n'est pas Hernani, c'est Judas qu'on le nomme!
Jamais on n'aura vu telle perversité,
Et voilà le paîment de l'hospitalité!
— Oui, j'ai voulu te prendre et t'enlever ta femme;
Oui, j'ai voulu souiller ton lit; oui, c'est infâme!
J'ai du sang; tu feras très-bien de le verser,
D'essuyer ton épée et de n'y plus penser!
— Misérable! Mais vous, Doña Sol?... — Moi, je l'aime!
— Alors tremble, bandit! » En ce moment suprême

La trompette résonne. On annonce le roi
Avec un gros d'archers, qui demande pourquoi
Le pont n'est pas baissé, pourquoi la porte close,
Et veut qu'on ouvre... Alors il se passe une chose
De l'antique épopée atteignant la hauteur.
Le vieux duc se redresse et dit au séducteur :
« Monsieur ! venez ici. » Puis, dans la boiserie
Fait jouer un ressort. Une tapisserie
S'écarte et laisse voir un cabinet profond.
Le duc prend Hernani, le pousse jusqu'au fond
Et referme la porte. « Et maintenant, au roi!
Faites entrer le roi ! — Hé ! mon cousin! chez toi
Pénétrer aujourd'hui n'est pas chose facile.
Aurais-tu contre nous quelque dessein hostile ?
Pardieu ! si vous prenez de ces airs avec moi,
Messieurs les ducs, le roi prendra des airs de roi.
Au fait. De l'incendie il reste une étincelle;
Hernani n'est pas mort ; ton château le recèle.
— Il est vrai, sire. — Eh bien ! tu vas me le livrer.
Il me faut mon bandit; songe à t'y préparer.
— Altesse ! — Pas de biais ! sa tête ou bien la tienne,
Entends-tu, mon cousin? — Oh ! qu'à cela ne tienne ! »
Dit le duc, et prenant don Carlos par la main,
Lui montre les portraits... Ici, plus rien d'humain.

La scène qui va suivre est purement sublime,
Et de la majesté monte jusqu'à la cime.
Le duc, tenant toujours par la main don Carlos,
Le conduit lentement vers les sombres tableaux
Reproduisant les traits des héros, ses ancêtres.
Ceux-là sont de l'honneur les modèles, les maîtres;
Il va leur demander conseil et savoir d'eux,
Ces géants par la foi, par la gloire fameux,
Ce qu'ils feraient étant à sa place... Il commence,
Et son air inspiré commande le silence.
Il montre Silvius Galceran, l'autre Cid,
Honoré comme un saint près de Valladolid ;
Christoval, combattant aux côtés de don Sanche
Et qui, pour le sauver, lui prit sa plume blanche.
Don Blas qui s'exila lui-même en bonne foi
Pour avoir, par erreur, mal conseillé le roi ;
Don Jaime, dit le Fort ; don Gaspar, de Mendoce ;
Don Vasquez, dit le Sage ; et tout près un colosse
Par la taille et le cœur, Ruy Gomez de Silva,
Grand maître de saint Jacque et de Calatrava.
Ce vieillard, don Gomez, à la tête sacrée,
C'est son père. Il garda toujours la foi jurée.
Il arrive au dernier des portraits. C'est le sien,
D'un serviteur fidèle et d'un homme de bien.

Ce long dénombrement, fait d'une allure fière,
A du roi don Carlos allumé la colère :
« Mon prisonnier ! dit-il, seigneur duc, je le veux !
— Sire ! j'ai là-dessus consulté mes aïeux ;
Aucun ne me conseille une action si noire,
Qui ternirait d'un coup leur blason et leur gloire.
— Mais il me faut, tu sais, une tête. — Merci !
J'ai promis l'une ou l'autre, et j'offre celle-ci ! »
Et découvrant son chef déjà blanchi par l'âge :
« Altesse ! elle est à vous ; prenez-la ! — Cet outrage,
Tu me le païras cher, vieillard ! — Je n'ai pas peur ;
Je le païrais plus cher du prix de mon honneur !
— Mon cousin ! mon cousin ! ! . . . Après tout, je t'estime,
Et ton scrupule au fond me semble légitime.
Sois fidèle à ton hôte, infidèle à ton roi.
C'est bien . . . Je te fais grâce et suis meilleur que toi.
Mais Hernani me gêne, et j'ai besoin d'un gage ;
J'emmène seulement ta nièce comme otage.
— Emmener Doña Sol ! Je n'ai qu'elle, ô mon Roi !
— Alors, mon prisonnier ! — Ayez pitié de moi,
Vous tous, ô mes aïeux ! » — Il va vers la cachette ;
Il va l'ouvrir... « O Roi ! par pitié prends ma tête,
Tu m'as donné le choix, tu t'en souviens, seigneur !
— Ta nièce ! — Prends-la donc et laisse moi l'honneur ! »

Le Roi sort; Doña Sol le suit pâle et tremblante.
L'héroïque vieillard, tout rempli d'épouvante,
Ouvre au captif : « Les mots ne sont plus de saison;
Tu vas prendre ce fer et me rendre raison.
En garde! défends-toi! — Duc, vous avez ma vie,
Elle vous appartient. La grâce que j'envie,
Avant que de mourir, c'est d'entendre sa voix
Et de la voir encore une dernière fois.
Dites, le voulez-vous? — Au fond de ce repaire
Est-ce que tu n'as rien entendu? — Non, mon père!
— Alors tu ne sais pas qu'il vient de l'enlever,
Qu'ils sont partis ensemble; et que, pour te sauver,
Il m'a fallu livrer Doña Sol? — Mais, par grâce,
A qui livrée? — Au roi lui-même, à cette place!
— Vieillard stupide! il l'aime; il est notre rival!
Comme il t'a fait tomber dans son piége infernal!
Duc, ma vie est à toi; je suis en ta puissance;
Mais je puis t'être utile et servir ta vengeance.
Suivons-les! Tu seras la tête et moi le bras;
Je te vengerai, duc!... Après tu me tueras!
Quand tu voudras, seigneur, quels que soient le lieu, l'heure,
S'il te vient à l'esprit qu'il est temps que je meure,
Viens, sonne de ce cor et ne prends d'autres soins :
Tout sera fait. — O mes aïeux, soyez témoins! »

Mais il faut insister sur cette belle scène
Où la vertu commande et parle en souveraine.
Il faut glorifier l'héroïque vieillard
Qui, lorsque dans son cœur on retourne un poignard,
Quand on lui prend son bien, sa joie et son idole,
Consent à tout quitter pour garder sa parole.
Un homme dans ses mains l'a meurtri, torturé,
Mais cet homme est son hôte; et tout hôte est sacré
Aussi quand don Carlos enfin quitte la place,
Et qu'avec le banni le duc est face à face,
Quelle colère monte au cœur de Ruy Gomez!
Quel terrible regard! quels accents indignés!
Il l'épargne aujourd'hui; mais il faut qu'à son heure,
A son commandement, il le venge... et qu'il meure!
Alors ils font le pacte et jurent sur leur foi
D'enlever Doña Sol et de tuer le roi.

V.

Don Carlos cependant rêve toujours l'empire,
Et parcourt l'Allemagne. On le rencontre à Spire,
A Francfort, à Cologne. Il est inquiet; il a
Pour lui le pronostic de Corneille Agrippa
« Qui dans le ciel a vu trois brillantes étoiles
Vers la sienne du nord venir à pleines voiles. »
Mais l'empire, et cela le trouble et l'interdit,
A François l'abbé Jean Tritême l'a prédit.
Car il a deux rivaux, François premier de France
Et Frédéric de Saxe. Et quand l'acte commence
C'est dans Aix-la-Chapelle, entouré de tombeaux,
Au milieu de la nuit, que nous trouvons Carlos.
Il sait contre ses jours qu'une ligue est formée,
Par la haine et l'envie ardemment animée;
Et que dans cet endroit, favorable au complot.
Le gros des conjurés arrivera bientôt.

Vainement ils ont cru frapper leur coup dans l'ombre;

Il les attend ; il sait et leurs noms et leur nombre,
Hormis deux toutefois, nouveaux venus : un vieux,
Un jeune, tous les deux tristes, silencieux,
Pensifs, presque muets, et dont le front austère
Montre le creux sillon d'une pensée amère.
Une sorte d'agent de basse extraction,
Un comte de hasard, qu'une distraction
De Carlos décora de ce nom par mégarde ;
Espèce d'alguazil à la face blafarde,
Un certain Ricardo, se tient auprès du roi
Et fait de délateur le glorieux emploi.

Don Carlos se promet une prompte vengeance,
Et parle d'échafaud, de gibet, de potence.
Mais surtout une idée et l'obsède et l'étreint :
Sera-t-il empereur ? sera-t-il Charles-Quint ?
« Si je l'étais ! O ciel ! Être ce qui commence,
Seul, debout, au plus haut de la spirale immense !
Être la clef de voûte, et voir sous soi rangés
Les États et les rois l'un sur l'autre étagés ! »

Alors vers le tombeau du grand roi Charlemagne
S'inclinant : « Si je suis empereur d'Allemagne,
Qui donc me fera grand, et qui sera ma loi ?

Qui me conseillera ?... Charlemagne, c'est toi!
Que la cendre, à défaut de l'ombre, me conseille!
Entrons... Dieu! s'il allait me parler à l'oreille!
S'il était là, debout et marchant à pas lents!
Si j'allais ressortir avec des cheveux blancs!
Entrons toujours... On vient! qui donc ose à cette heure,
Hors moi, d'un pareil mort éveiller la demeure?
Qui voudrait pénétrer dans ses secrets desseins?
Qui donc?... Ah! j'oubliais... Ce sont mes assassins! »
Il entre, et franchissant la porte redoutable
Il va chercher le sens du mystère insondable.

Alors les conjurés arrivent lentement,
Deux à deux, se prenant la main, puis échangeant
Le mot d'ordre *Augusta per angusta*. Leur nombre
Augmente à chaque instant; et, confiants dans l'ombre,
Ces hommes croient n'avoir pour témoin qu'un tombeau;
Et : « Qu'il en soit de lui comme de ce flambeau! »
Disent-ils. Et l'un d'eux, jetant sa torche à terre,
L'écrase de son pied. Et puis on délibère :
« Combien faut-il de bras pour le mettre au linceul?
— Un seul. — Combien faut-il de coups au cœur? — Un seul.
— Qui frappera? — Nous tous! — La victime est un traître?
Ils font un empereur; nous, faisons un grand-prêtre!

— Tirons au sort. — Prions! — Que l'élu croie en Dieu,
Frappe comme un Romain, meure comme un Hébreu! »

Tous écrivent leurs noms qu'on mêle et qu'on agite.
Puis on n'entend plus rien... que le cœur qui palpite.
On va tirer; on tire; on attend... Hernani
Est le nom proclamé. « Dieu bon! soyez béni!
J'ai gagné! Je te tiens enfin, ô ma vengeance!
A nous deux, don Carlos! » Mais un vieillard s'avance:
— Oh! cède-moi ce coup, dit-il, je le paierai
Du prix que tu voudras. Oui, je te donnerai
Pour ce coup à frapper, fiefs, châteaux, vasselages,
Cent mille paysans dans mes trois cents villages.
— Oh! ne m'enviez pas ma fortune, seigneur,
C'est la première fois qu'il m'arrive bonheur!
— Pourtant tu m'appartiens et j'ai droit à ta vie.
— Ma vengeance est à moi; je l'ai tant poursuivie!
— A-t-on peur que mon bras, au moment de frapper,
Tienne mal le poignard et le laisse échapper?
Je suis don Ruy Gomez; sinon le bras, j'ai l'âme.
La rouille du fourreau n'a pas atteint la lame!
Oh! je frapperai bien! Que te faut-il encor?
Elle?... Je te la cède et je te rends ce cor.
— La vie et Doña Sol?... Non! Je tiens ma vengeance;

Avec Dieu dans ceci je suis d'intelligence.
C'est moi qui frapperai! » — Tout à coup au lointain
On entend du canon tonner la voix d'airain.
Un coup... deux coups... trois coups... Qu'est-ce donc qu'il annonce?
C'est qu'au même moment la Diète se prononce;
La porte du tombeau s'ouvre. Un homme en descend :
« Messieurs, allez plus loin, l'empereur vous entend!
Dit-il. Cet homme, c'est don Carlos, roi d'Espagne.
Maintenant Charles-Quint, empereur d'Allemagne.
C'est lui dont le canon, retentissant trois fois,
Annonce la grandeur par sa puissante voix.
Empereur? empereur d'Allemagne! ô délire!
Ce point si culminant où son orgueil aspire,
Il l'atteint! Tous les yeux vont se fixer sur lui!
Mais dans le souterrain une lumière a lui.
Arrivent des soldats. Charles-Quint leur ordonne
De s'assurer de tous, sans excepter personne,
Hormis ceux qui ne sont ni ducs ni comtes. — Moi.
Je veux en être aussi comme les autres. Roi!
Hernani, pâtre obscur, qu'épargnerait ton glaive,
Se montre! et, pour mourir, se grandit et se lève!
Oui, Dieu qui tient le sceptre et qui te le donna,
M'a fait duc de Segorbe et duc de Cardona,
Marquis de Monroy, comte Albatera, vicomte

De Gor, seigneur de lieux dont j'ignore le compte.
Je suis Jean d'Aragon, Roi, bourreaux et valets!
Et si vos échafauds sont petits, changez-les!

Doña Sol est entrée aussi : « Sire, je tremble!
Sire! ayez la pitié de nous tuer ensemble!
Majesté! vous voyez, je suis à vos genoux.
Je l'aime! Il est à moi comme l'empire à vous.
Grâce!... mais quel penser sinistre vous absorbe?
— Allons, relevez-vous, duchesse de Segorbe.
Comtesse Albatera, marquise de Monroy!
Tes autres noms, don Juan? — Qu'entends-je? Et c'est le Roi...?
— Pas le Roi, l'Empereur. Duc, voilà ton épouse.
Mon cousin Ruy Gomez, la noblesse est jalouse.
Je sais. Mais Aragon peut épouser Silva.
— Époux de Doña Sol! Oh! ma haine s'en va!
— Digne de ta maison, sois aussi digne d'elle.
Duc, à genoux! reçois ce collier. Sois fidèle.
Par saint Étienne, ici, je te fais chevalier.
Mais tu l'as, le plus doux et le plus beau collier.
Celui que je n'ai pas, qui manque au rang suprême.
Les deux bras d'une femme aimée et qui vous aime!

Soyez libres, messieurs, et relevez vos fronts.

L'empereur Charles-Quint ne connaît plus vos noms! »
Les conjurés : « Vivat Carlos! vive Allemagne!
Honneur à Charles-Quint! — Honneur à Charlemagne!
Messieurs! » Et s'inclinant : « Es-tu content de moi?
Ai-je bien dépouillé les misères du roi?
Charlemagne! ai-je bien résisté? Mon empire
Est vacillant, tout hurle, et menace, et conspire.
Cent poignards sont levés prêts à m'assassiner!
Ne sachant s'il fallait punir ou pardonner,
Je t'ai crié : « Par où faut-il que je commence? »
Et tu m'as répondu : « Mon fils, par la clémence! »

VI.

Nous voici de retour à Saragosse, un jour
De fête. Des seigneurs en riche habit de cour
Rient et causent entre eux : « Que l'épousée est belle!
Trop heureux Hernani! — L'aventure est nouvelle.
Trois galants, un bandit, un noble duc, un roi
Se disputent le cœur d'une belle; et, ma foi!
Il se trouve que c'est le bandit qui l'épouse.
— Voyez-vous un bandit qu'un empereur jalouse!
— Et le duc, ce vieillard? — Celui-là, soixante ans
Ont fait ses cheveux gris, un jour les a faits blancs.
— Il n'a pas reparu, dit-on, à Saragosse.
— Vouliez-vous pas qu'il mît son cercueil de la noce?
— Avez-vous remarqué, messieurs, parmi les fleurs,
Les femmes, les habits de toutes les couleurs,
Ce spectre qui, debout contre une balustrade,
De son domino noir tachait la mascarade?
— Oui, pardieu! mais, tenez; le voilà justement

Qui s'approche; je vais lui faire compliment;
Vous allez voir... Ici, beau masque!... Sur mon âme,
Messeigneurs, dans ses yeux j'ai vu luire une flamme! »
— Quelque mauvais plaisant, sans doute!... Il n'est plus là,
Tant mieux! il n'est pas gai. — Silence! les voilà! »
Ils entrent. Doña Sol, superbement parée,
Paraît de son bonheur éblouie, enivrée,
Hernani, revêtu du costume de cour
En velours noir; au cou la Toison d'or. « Bonjour,
Dieu vous garde! messieurs. — Seigneur duc, Dieu vous garde!
Mais ne voyez-vous pas que leur amour s'attarde?
Ayons pitié, messieurs! Seigneur duc, bonne nuit!
— Enfin ils sont partis, cher amour! — Oh! ce bruit
Me fatiguait! Ce bal et cette mascarade
Tout cela me pesait, me paraissait maussade.
— Doña Sol! — Hernani! — Hernani? par pitié!
Oh! par ce nom, madame; oh! j'ai tout oublié.
Je sais qu'il existait autrefois, dans un rêve,
Un Hernani dont l'œil avait l'éclat du glaive;
Un homme de la nuit et des monts, un proscrit
Sur qui le mot VENGEANCE était partout écrit,
Un malheureux traînant après lui l'anathème!
Moi, je ne connais pas ce Hernani; moi, j'aime
Les prés, les fleurs, les bois, le chant du rossignol :

Je suis Jean d'Aragon, époux de Doña Sol!
Je suis heureux, heureux jusques au fond de l'âme!
— Est-ce vrai, mon don Juan? — Oui, très-heureux, madame! »

Tout à coup on entend un son clair, prolongé,
Le son du cor. Don Juan, dans son rêve plongé,
Tressaille. Doña Sol, au contraire, est ravie;
Elle écoute, surprise, et de cette harmonie
Elle est comme enivrée : « Ami, quel est ce bruit
Qui retentit dans l'air et monte dans la nuit?
Il me semble qu'un ange a compris ma pensée;
Le son du cor des bois! Oh! je suis exaucée!
— Hélas! ô malheureux! — Oui, je l'entends encor,
Don Juan, je reconnais le son de votre cor!
Comme cette musique emplit le cœur de joie!
— Et le tigre est en bas qui hurle et veut sa proie!
— Don Juan! — Non, Hernani! nomme-moi Hernani!
Avec ce nom fatal je n'en ai pas fini!
— Qu'avez-vous? — Le vieillard! — Quel vieillard? — Je délire!
Doña Sol! — Oh! qu'as-tu? quel secret te déchire?
— Rien; un malaise... Ah! va me chercher un flacon;
A Séville autrefois un moine m'en fit don;
L'élixir qu'il contient me remettra, je pense.
— J'y vais, mon cher seigneur. » Elle sort.

En silence.

Arrive par le fond du théâtre, à pas lents,
Comme un spectre, un vieillard. On voit ses cheveux blancs
Sous son masque : « *N'importe où, quelle que soit l'heure.*
S'il te passe à l'esprit qu'il est temps que je meure,
Viens, sonne de ce cor et ne prends d'autres soins,
Tout sera fait! Ce pacte eut les morts pour témoins!
Eh bien! tout est-il fait? Me voici : c'est mon heure!
— Bien! et comment, dis-moi, te plaît-il que je meure?
— Du fer ou du poison libre à toi de choisir;
J'apporte tous les deux. — Selon ton bon plaisir
Il sera fait, vieillard. — Choisis, et faisons vite!
Que prends-tu? — Le poison. — Eh bien! ta main palpite?
— Oh! s'il te reste un cœur, une âme, par pitié!
Demain, demain. Mon Dieu! j'avais tout oublié.
Oh! demain, n'est-ce pas? Dis, tu veux bien? — Tu railles!
La cloche a ce matin sonné tes funérailles!
Et que ferais-je, moi, cette nuit? Je mourrais!
— Eh bien! non! cette nuit, il me la faut! après
Tu reviendras. — Fort bien! La tête de ton père,
Ton serment, tout cela n'est rien, non! — O misère!
— Adieu! — Ne t'en va pas; donne-moi le poison.
Ciel! Doña Sol! — Don Juan, c'est une trahison.
Que tiens-tu dans ta main? Réponds, réponds vite! — Elle!

Dans quel moment! — Qu'a-t-il? il se trouble, il chancelle.
Mon don Juan! que tiens-tu dans ta main?... Quel soupçon!
Ce spectre, il m'a glacée!... Ah! c'est... c'est du poison,
J'en suis sûre... Et pourquoi du poison? Ah! cet homme
Masqué, c'est lui!... Don Juan, je sais comme il se nomme:
C'est Ruy Gomez, mon oncle. Oh! je le sais bien, va!
— J'ai promis de mourir au duc qui me sauva.
— Et moi, je ne veux pas, mon amour, que tu meures!
Non, je ne le veux pas. O mon don Juan! Tu pleures!
Pourquoi? — Que puis-je, hélas! contre un serment juré?
— Quel serment? — J'ai juré. — Ce serment abhorré.
Tu ne le tiendras pas. Non, non, rien ne te lie!
Cela ne se peut pas, et c'est une folie!
Mon oncle Ruy Gomez! Ah! vieillard insensé!
Craignez-vous pas le fer quand l'œil a menacé?
Il vaudrait mieux pour vous aller aux tigres même
Arracher leurs petits qu'à moi celui que j'aime!
Malheur si vous portez la main sur mon époux!...
...Hélas! je suis brisée... et tombe à vos genoux...
Oh! pitié!... Hernani! Ta main! — Oh! ma parole!
— Ta main!... je l'ai!!! dit-elle en arrachant la fiole;
J'ai le poison!!! — Arrête!... Ah! que fais-tu?... Vieillard!
Sois maudit!!! — Mon don Juan! je t'ai gardé ta part.
Moi, j'ai bu la première et je suis bien heureuse.

Bois si tu veux... Mais non... la douleur est affreuse !
Ne bois pas, jette au loin ce philtre... Ma raison
S'égare !... Arrête !... hélas ! mon don Juan ! ce poison
Est vivant... Ce poison... dans le cœur fait éclore
Une hydre à mille dents qui ronge et qui dévore !
Oh ! je ne savais pas qu'on souffrît à ce point...
Qu'est-ce donc que cela ?... C'est du feu !... ne bois point !
Oh ! tu souffrirais trop !... que fais-tu ? — Je t'imite ;
Tu m'as laissé ma part, je la prends ! — Allons, vite !
Viens, ô mon jeune amant, car elle est commencée
La nuit de noces... Dis, pour une fiancée,
Je suis bien pâle... Oh ! las ! Je souffre horriblement,
Et toi ? — Non. — Ah ! tant mieux ! — Quel horrible tourment !
La voir souffrir ainsi !!! — Vers des clartés nouvelles
Nous allons tout à l'heure ensemble ouvrir nos ailes.
Un baiser, mon don Juan ! un baiser seulement !
— Doña Sol, ah ! je meurs !... — Me voilà, mon amant !
Il dort... C'est mon époux... C'est notre nuit de noce !...
Ne le réveillez pas, seigneur duc de Mendoce,
Il est las... Mon amour ! tiens-toi vers moi tourné ;
Plus près, plus près encor !... — Morte ! oh ! je suis damné ! »

VII.

Et le voilà, ce drame immense, inénarrable,
Des mystères du cœur témoin incomparable !
Ce héraut de l'honneur, de l'amour résigné,
Il est le fils du Cid. Corneille l'eût signé ;
Et le grand Shakespeare, aussi dont il relève,
Sourit de Westminster au maître son élève.
Oui, Rodrigue, Chimène, Ophélie, Otello,
Hamlet, Desdemona, Juliette, Roméo,
Tous ces types fameux d'amour et de tristesse,
Faits de fierté sauvage et d'exquise tendresse,
Ils sont là, tous debout, tous personnifiés ;
On les voit, on les sent, vivants, glorifiés.
Et Doña Sol surtout, fière comme Hermione
Avec le roi Carlos, et, comme Desdemone
Poétique et touchante, alors que Hernani
« Avec ce nom fatal n'a pas encor fini. »
Qu'en dire, si ce n'est que le rôle est sublime,
Qu'il atteint au sommet de l'art, et qu'il exprime

Avec même grandeur et même majesté,
L'amour tranquille et pur, l'ardente volupté?
L'interprète du rôle est aussi magnifique.
Quels accents! quel regard! Et quel souffle tragique
Quand, voulant arracher son époux au vieillard,
De son corps à don Juan elle fait un rempart!
Elle est superbe alors et vraiment sculpturale;
Et beaucoup l'ont senti. Car, lorsque dans la salle
Mes yeux se promenaient, je vis qu'Edmond Morin
Pour esquisser la scène affilait son burin.
Honneur donc à la grande artiste! Mais, peut-être,
Serait-il malséant de louer quand le maître,
Au banquet fraternel les réunissant tous,
A dit à ses soldats: « Je suis content de vous! »
Ah! pour qu'il soit content, le vigoureux athlète,
Pour qu'il trouve qu'ils ont secondé le poëte,
Bien compris sa pensée et sa création,
Il faut qu'ils soient bien près de la perfection!
Oui, quand ils ont pour eux un pareil témoignage,
C'est pour leur gloire à tous un suffisant bagage;
Et sur ce jugement qui voudrait enchérir,
En croyant ajouter risquerait d'amoindrir.
Remercions pourtant les vaillants interprètes
Qui nous ont conviés à de pareilles fêtes!

Disons qu'ils ont conquis ce soir-là leur blason ;
Qu'ils ont bien soutenu l'honneur de la maison ;
Que le chef a trouvé des soldats à sa taille,
Et que chef et soldats ont gagné la bataille.
Doña Sol, Hernani, Ruy Gomez, don Carlos,
Le poëte a dit vrai : Vous êtes des héros !

Brienne, décembre 1877.

LE MODÈLE

SILHOUETTE D'ATELIER

EN UN ACTE EN VERS

A

MON EXCELLENT AMI

CHARLES MONGINOT

Tout le mérite de ce léger ouvrage réside dans des portraits que vous reconnaîtrez sans doute. Mais, dans le nombre, il en est un qui frappera tout le monde si j'ai réussi à rendre un peu de la bonté de l'original et du charme qu'il répand autour de lui.

M'adressant à vous, cher ami, je ne puis citer de nom : mais je sais que celui-là est dans tous les cœurs et sur toutes les lèvres.

ALLART.

PERSONNAGES

LE MAITRE.

COMTOIS,
BUREAU,
CÉSAR,
LUCIEN, } ses élèves.

BOUILHET, sculpteur.

FROTTIS, rapin.

UN MONSIEUR.

ROSINE, modèle.

LE MODÈLE

La scène représente un atelier de peintre. — Des chevalets, des escabeaux, une armoire, un poêle, tableaux, plâtres, etc.

SCÈNE PREMIÈRE.

COMTOIS, BUREAU, LUCIEN; ils travaillent puis CÉSAR et FROTTIS.

CÉSAR, entrant.

Bonjour, messieurs.

LUCIEN.

Salut à l'amant de la lune.
De la blonde Phœbé!

CÉSAR.

Qu'elle soit blonde ou brune.
Je ne vois pas pourquoi l'on s'acharne toujours
A l'astre de la nuit dont je fais mes amours.

Eh ! oui, j'aime la lune ; elle n'est pas ingrate.
Si la verve tarit, à la divine Hécate
Je fais un vœu. Soudain, effet toujours nouveau !
Elle vient d'elle-même au fond de mon tableau.

COMTOIS.

Oh ! nous connaissons tous vos succès !

BUREAU.

Mais la lune.
Toujours la lune !

CÉSAR.

Ah çà, quelle est donc la rancune
Qui vous pousse contre elle ? Êtes-vous donc jaloux
Des faveurs qu'elle donne ? Or, oyez-moi bien tous.
Je vais vous révéler un secret ; chut ! silence !
Je veux le dire à vous ; mais, aux autres, je pense
Qu'il est bon de le taire ; et je serais bien sot
Si je leur en lâchais un seul, un traître mot.
Voilà donc ce que c'est. Qu'est-ce que la peinture ?
L'art de parler aux yeux, n'est-ce pas ? La nature
A du bon, c'est certain ; mais n'exagérons rien,
La suivre de trop près, c'est se fourvoyer. Bien !
Or donc, de la nature il faut se mettre en garde ;

Elle est souvent vulgaire et quelquefois criarde.
Nous avons bien encor la fantaisie. Oui, mais
La folle du logis a de fréquents accès
De traîtrises aussi ; donc, défions-nous d'elle.
Il faut chercher ailleurs pour trouver un modèle.
A qui donc se fier? me direz-vous. Dans l'art,
Mes maîtres, le vrai dieu, c'est le dieu du hasard.
Voilà mon procédé. Suis-je assez magnanime ?
Vous allez avec moi monter jusqu'à la cime
Et voir des horizons inattendus. Ainsi
Vous prenez une toile...

A Frottis.

Allons, rapin.

Frottis lui présente une toile.

Merci.
Prêtez attention, messieurs, je vous en prie,
Et veuillez jusqu'au bout suivre ma théorie.
Vous prenez une toile, un tissu bien épais,
De force à résister.

BUREAU.

Vous dessinez.

CÉSAR.

Jamais!

Le dessin, voyez-vous, entrave le génie,
Et je ne sais pourquoi l'on a cette manie.
Dessiner, à quoi bon?

BUREAU.

Vous prenez vos couleurs.

CÉSAR.

Votre tête, mon cher, n'est pleine que d'erreurs.

BUREAU.

Comment! Pas de couleurs! Pas de pinceaux, peut-être?

CÉSAR.

Pas de pinceaux non plus; car le pinceau, mon maître,
C'est la routine; non, je saisis mon couteau;
Je monte sur l'échelle ou sur un escabeau
Et décroche au hasard quelque vieille palette
Bien encrassée, où n'est pas une place nette;
Je gratte et je regratte; est-ce bien? est-ce mal?
Noir ou blond? Je ne sais, mais ça m'est bien égal.
Et le hasard est là pour compléter l'ensemble.
Je m'en rapporte à lui. Quand la chose me semble
Suffisamment pétrie et repétrie, alors
Je lève l'ancre et pars toutes voiles dehors.

Pour le terrain je pose un mastic de bitume ;
Pour le ciel, prudemment je le mets dans la brume,
Sauf à le réveiller et le rendre vibrant
Avec la blonde lune et son disque d'argent...
Vous le voyez, cela n'est pas bien difficile.
Voilà mon code, à moi, voilà mon évangile ;
Je vous ai dévoilé les arcanes de l'art,
Du grand art ! aussi vrai qu'on m'appelle César.

LES ÉLÈVES, applaudissant et riant.

Bravo ! bravo ! César.

CÉSAR.

Hé ! cela vous fait rire.
Comme les voilà bien ! quand on veut les instruire...

BUREAU.

Nous avons vu la cime, et nous sommes contents :
Laissez-nous rire un peu !

Il rit aux éclats. Comtois et Lucien l'imitent.

CÉSAR, à Frottis.

Frottis, tu les entends.
J'ai voulu les aider à sortir de l'ornière

Et des vieux préjugés secouer la poussière.
Ça les fait rire. Eh bien! moi, je te prends, enfant!
Tu seras mon élève et je te ferai grand.
Nous allons à nous deux écraser la routine.

FROTTIS.

Oh! oui, monsieur César!

CÉSAR.

Et la manne divine
Tu la recueilleras avec respect?

BUREAU, à part.

Bavard!

CÉSAR, continuant.

La gloire est à ce prix.

FROTTIS.

Oh! oui, monsieur César!

CÉSAR.

Nous nous entendrons bien.

BUREAU.

En attendant la gloire,
Monsieur Frottis veut-il me prendre dans l'armoire
Le manteau de Crispin ?

CÉSAR.

Frottis, soigne le feu.

LUCIEN.

Frottis, du blanc d'argent.

BUREAU.

Frottis, donne du bleu.

COMTOIS.

Eh ! messieurs, laissez-le donc respirer, que diable !
Un futur Titien ! oh ! c'est abominable.
Mais c'est assez causer et rire ; on ne fait rien.

BUREAU.

C'est César qui...

CÉSAR.

Parbleu ! c'est toujours moi. Eh bien !

Où donc est ce modèle ? Il se fait bien attendre.
Il est payé pourtant...

BUREAU.

Eh ! vous n'êtes pas tendre
Pour la pauvre Rosine. Elle aura, j'en suis sûr,
De très-bonnes raisons à donner...

CÉSAR.

O cœur pur !
O preux ! ô paladin ! ô héros d'un autre âge !
De très-bonnes raisons ! Oui, Rosine a, je gage,
Pour s'attarder ainsi, visité les prisons,
Monté dans la mansarde ; elle est en oraisons ;
Elle pousse au Très-Haut son ardente prière ;
N'est-ce pas, Grandisson ?

LUCIEN.

En pareille matière
Le meilleur est pour vous de vous récuser.

CÉSAR, offensé.

Hein !
Pourquoi donc, s'il vous plaît, monsieur ? dans mon jardin
Voudriez-vous jeter des pierres ? Prenez garde !

A me heurter de front celui qui se hasarde
Peut craindre de jouer gros jeu, je vous prévien!

LUCIEN.

Là! ne vous fâchez pas, je vous prie.

CÉSAR, de même.

Aussi bien,
Il vaut mieux qu'avec vous franchement je m'explique;
Avec votre air confit, votre maintien pudique,
Je vous soupçonne, moi, monsieur le redresseur,
De la traiter, ma foi! tout autrement qu'en sœur,
Cette Rosine dont vous prenez la défense,
Cet ange à l'aile blanche...

LUCIEN.

Ah! d'une telle offense
Vous me rendrez raison.

CÉSAR.

Quand vous voudrez.

COMTOIS.

Voyons!
Êtes-vous fous, messieurs? Vos altercations

Sont ici sans excuse; et l'atelier du maître
Est-il donc un champ clos? Vous devriez connaître
Sa haine pour le bruit, son horreur pour l'éclat;
Et, puisqu'il est absent, suspendez tout débat
Pour qu'on ne puisse pas dire avecque justice
Que vous ne savez pas lui faire un sacrifice,
A lui, si délicat, si bon, si généreux.
Allons! qu'on fasse trêve à tout propos fâcheux.
Qu'on se donne la main!

A César.

Allons!

A Lucien.

Çà, faisons vite!
Votre rapprochement aura plus de mérite,
N'étant pas marchandé.

LUCIEN.

Mais pourquoi m'insulter?

CÉSAR.

Pourquoi de mes discours si fort se molester?
Ne sait-on pas que j'ai la riposte un peu prompte,
La dent trop aiguisée, et qu'on fait juste compte
De tout ce que je dis ne prenant que moitié.

COMTOIS.

N'ayez donc souvenir que de votre amitié.
La main, vite!

LUCIEN.

Pourtant...

CÉSAR.

Il cherchait une affaire :
C'était visible.

COMTOIS.

Allons, messieurs, laissez-vous faire :
Au diable la rancune et tendez-vous la main.

LUCIEN, *tendant la main à César*

Fi, le croquemitaine!

CÉSAR, *à Lucien de même.*

Oh! l'affreux spadassin!

SCÈNE II.

LES MÊMES, puis BOUILHET.

CÉSAR.

Tiens! voilà Phidias. Qui nous vaut la fortune.
Le bonheur sans égal, la gloire peu commune
De recevoir céans le maître du ciseau,
Le roi de l'ébauchoir, le pontife du beau?
Viendrait-il jusqu'ici pour chercher un modèle?

Il fait des poses.

Voyez, est-ce assez pur? hein?

BOUILHET.

Tête sans cervelle!
Tu plaisantes toujours; je ne t'en blâme pas,
Car j'aime à rire aussi; mais ce matin, hélas!
Mon cœur n'est pas du tout, je te jure, à la joie.

BUREAU.

Qu'est-ce donc?

BOUILHET.

Au chagrin j'ai l'âme tout en proie,
Et vous allez bientôt partager ma douleur.
Vous connaissez Marcel, notre jeune sculpteur,
Ses débuts malheureux et sa noble constance.
Il était du grand art devenu l'espérance,
Et vous avez pu voir, par le marbre animé,
Le buste si vivant de votre maître aimé.
La fortune semblait lasse de le poursuivre;
La commande arrivait; il commençait à vivre.
Eh bien! le croirez-vous? le malheureux enfant,
Dans un moment d'oubli, d'horrible égarement,
S'est jeté dans la Seine... Il avait une mère.
Pauvre femme! Elle avait partagé sa misère;
Il était certains jours où l'on ne dînait pas,
Mais elle avait son fils... La pauvre femme, hélas!
Elle ignore encor tout. Que lui dire? Que faire?
C'est affreux, voyez-vous, d'aller chez une mère
Et de lui dire : « Femme, il te faut un cœur fort!
Femme, ceins-toi les reins! Mère, ton fils est mort

Il se cache la tête dans ses mains.

COMTOIS.

Pauvre Bouilhet! Vraiment sa douleur me pénètre;

Elle vient d'un récit infidèle, peut-être ;
C'est quelque ressemblance ; on aura confondu ;
Voyons, qui vous l'a dit ?

BOUILHET.

Las ! il est bien perdu.
Je l'ai vu de mes yeux sur la dalle sinistre ;
J'ai lu son nom inscrit sur l'horrible registre ;
J'ai vu ses vêtements et reconnu ses traits.
C'est fini.... Maintenant, aux lugubres apprêts
Il va falloir songer. Mais il est une chose
Aux amis de Marcel qui dès l'abord s'impose,
De songer à sa mère et pourvoir à son sort.
Je suis venu vers vous tout de suite. Ai-je eu tort ?

COMTOIS.

Ami, voici ma main.

BUREAU.

Merci !

CÉSAR.

Ta signature.
Tu ne la verras pas protester, je te jure.

LUCIEN.

Je ne sais pas encor bien comme nous ferons,
Mais cette femme est nôtre, et nous l'adopterons.

FROTTIS.

Et moi, messieurs, veut-on recevoir mon offrande?

BOUILHET.

Comment donc, mon garcon? Mais oui, quelle demande!

FROTTIS.

Je devais m'acheter un habit de velours
Orné sur le devant de larges brandebourgs.
L'argent est prêt ; je veux le donner à la vieille.
J'ai ma veste de drap, la culotte pareille,
Qui pourront bien encor me faire tout l'été.
Puis, ne trouvez-vous pas, c'est assez mal porté
Maintenant, le velours; j'y renonce sans peine,
Oui.

COMTOIS.

Noble petit cœur! c'est bien, ton âme est pleine
De sainte charité; va! Dieu te le rendra.

FROTTIS.

Mon habit de velours?

COMTOIS.

Non, mais il bénira
Ton gentil sacrifice.

BOUILHET.

Et le maître?

COMTOIS.

Je pense
Qu'il va venir bientôt. Pour nous c'est de la chance
De l'avoir devancé pour faire un peu de bien;
D'ordinaire c'est lui qui marche en tête.

SCÈNE III.

LES MÊMES, puis ROSINE.

FROTTIS.

Tien!
C'est Rosine. Bonjour, Rosine.

CÉSAR, à Rosine.

Paresseuse!
Il faut, je t'en préviens, une raison fameuse
Pour te faire excuser; d'autant plus que Lucien
Voulait à ton sujet me battre bel et bien.
Eh bien! tu ne dis mot; ton petit cœur soupire.
Serais-tu donc fâchée, et ne peut-on plus rire?
Je t'ai dit que Lucien s'est fait ton chevalier;
Veux-tu que je l'appelle en combat singulier?

FROTTIS.

C'est cela. Moi, je vais préparer les épées

Il fait le geste de ferrailler.

Une! deux!

A Rosine.

Te voilà parmi les plus huppées,
Et de nobles seigneurs vont se battre pour toi,
C'est joliment flatteur, tout de même, dis-moi.

ROSINE.

Riez, monsieur César; riez, je vous conjure.

A part.

Et pas encor rentré! mon Dieu! quelle torture.

Haut.

Voyons, messieurs, posons ; il est bien entendu
Qu'on ne me fera pas grâce du temps perdu
Et que je resterai tant qu'il faudra.

A Comtois.

La pose,
Comment donc était-elle hier ? C'est une chose
Qui m'échappe souvent, pardonnez-moi. Tenez,
Je crois que me voilà comme il faut.

COMTOIS.

Vous tournez
La tête trop à gauche .. Ah ! bien.

CÉSAR.

Dis donc, Rosine,
Tu connaissais Marcel, le sculpteur, j'imagine,

ROSINE, à part.

Que dit-il ?

Haut.

Oui, pourquoi ?

CÉSAR.

Tiens, c'est vrai, l'autre jour,

J'ai vu que tu posais chez lui pour un amour
Dans son groupe nouveau. Ton menton à fossette,
Ton petit museau rose et ton nez en trompette,
Tout cela composait un ensemble charmant.
Je m'en souviens fort bien.

LUCIEN.

Il est toujours galant,
Ce César; mais toujours il distrait le modèle.

CÉSAR.

Allons-nous donc encor reprendre la querelle ?
Et ne puis-je pas dire à Rosine un seul mot
Sans que Monsieur s'insurge et montre son ergot?
Soyez son chevalier, si vous voulez, messire,
Mais laissez-moi parler; surtout laissez-moi rire.

COMTOIS.

Le temps est mal choisi pour rire en ce moment,
Et ce pauvre Marcel, ce triste dénoûment,
L'avez-vous oublié?

ROSINE.

Quoi? qu'est-ce donc?

COMTOIS.

J'hésite. .

ROSINE.

Marcel? Quel dénoûment? Parlez, parlez donc vite!...
Un accident, sans doute, un malheur!...

CÉSAR.

Il est mort.

ROSINE, elle se lève et retombe sur sa chaise en poussant un cri terrible.

Ah!!!

Tous s'empressent autour d'elle

LUCIEN.

Des sels! un flacon! de l'air!

COMTOIS, à César.

Vous avez tort.
Et vous dites toujours trop brusquement les choses.

CÉSAR.

Est-ce ma faute à moi si sur le pot aux roses
Je suis tombé si juste?

COMTOIS.

Allons, elle revient;
Ses yeux s'ouvrent. Voyons, Rosine?

ROSINE.

Ce n'est rien.
Excusez-moi, messieurs. Cette triste nouvelle...
Ce jeune homme... pardon... oui, j'étais son modèle.
Je n'ai pu réprimer assez tôt mon chagrin;
Mais c'est fini... Voyez...

A César.

Monsieur le boute-en-train,
Racontez nous encore une histoire bouffonne;
Je voudrais rire un peu.

A part.

La force m'abandonne.
O mes pressentiments!

Elle fond en larmes.

SCÈNE IV.

LES MÊMES, UN MONSIEUR.

LE MONSIEUR, entrant.

Eh bien! on pleure ici?
Bonjour, messieurs.

LES ÉLÈVES.

Bonjour.

LE MONSIEUR, regardant la toile de Comtois.

Ah! très-bien réussi.
Trés-fin, très-délicat; oui, voilà bien Rosine.

A Rosine.

Levez les yeux, voyons; c'est cela. J'imagine
Que l'on n'a pas toujours le collet si monté.
Quelle vestale! vrai, c'est une cruauté
De soustraire aux regards une telle richesse.

Il va pour soulever le fichu de Rosine.

ROSINE, le repoussant.

Monsieur!

LE MONSIEUR.

Là ! là ! tudieu ! quel geste de duchesse !
Avec de ces airs-là tu feras ton chemin,
Ma chère, et cela sent son faubourg Saint-Germain.

FROTTIS, à part.

On ne saura jamais comme je le déteste,
Cet homme ; je le hais à l'égal de la peste.
Quand il ouvre la porte, adieu la bonne humeur !
Oh ! si j'étais le maître !

LE MONSIEUR.

Hein ! tu dis ?

FROTTIS.

Rien, monsieur.

LE MONSIEUR.

Ah ! je croyais !... Rosine, allons ! je suis bon diable ;
On obtient tout de moi quand on veut être aimable,
Tu sais.

Il veut lui prendre la taille.

ROSINE.

Monsieur !!!

LE MONSIEUR.

Encore ! Il est, ma foi, plaisant
Qu'une fille de rien, qu'on lutine en passant,
Se gendarme si fort et fasse tant la prude.
Là !

Il veut l'embrasser.

ROSINE, se défendant.

Je vous dis, monsieur, de cesser.

LE MONSIEUR.

Elle est rude.
Diantre !

COMTOIS.

Ayez donc pitié, monsieur, de cette enfant.
Avant votre arrivée elle pleurait.

LE MONSIEUR.

Vraiment !
Sans doute on lui refuse un châle, une dentelle ;
Ou c'est que son amant cesse d'être fidèle ;
On connaît le sujet de ces grands chagrins-là.

COMTOIS.

Voyons, monsieur, c'est mal; assez comme cela.

ROSINE.

Non, laissez-lui plutôt terminer sa harangue
Et donner le champ libre à sa mauvaise langue.
Je pleurais, dites-vous? Il arrive un malheur;
Qu'est-ce que ça lui fait? Il est en belle humeur,
Il est content, heureux; cela doit nous suffire;
Et pourquoi donc pleurer lorsque monsieur veut rire?

LE MONSIEUR.

Rosine, je le vois, se fâche.

ROSINE.

Moi? mais non.
Une fille de rien! un modèle! Allons donc!
Faut-il tant se gêner? N'est ce pas pitoyable
De repousser monsieur quand il veut être aimable?
Monsieur a de l'argent; je n'ai que mon honneur;
Il est mon maître.

LE MONSIEUR, *ricanant.*

Ah! ah!

SCÈNE V.

LES MÊMES, LE MAITRE.

LE MAÎTRE, *entrant.*

Bonjour, messieurs.

Au monsieur.

Seigneur!
Mais j'entendais du bruit. est-ce qu'on se querelle?
Qu'est-ce donc?

COMTOIS.

Ce n'est rien.

LE MONSIEUR.

C'est ce petit modèle;
Ne s'avise-t-il pas d'être farouche? Au fait
Cela le pose un peu. Mais, entre nous, on sait
Que dans le tête-à-tête il change un peu de gamme
Et qu'on en sort toujours très-content de la dame.

ROSINE.

Vous m'insultez, monsieur ! Mais qui vous a sur moi
Si bien su renseigner ?

LE MONSIEUR.

Rosine, par ma foi !
Le jeu que vous jouez est dangereux, ma chère.
Je ne suis pas méchant, et je voudrais me taire.
Pourquoi donc me pousser ? Là, ce n'est pas gentil ;
Vous savez bien pourtant ce que je...

ROSINE.

Que dit-il ?
Qu'est-ce que vous osez prétendre ?

LE MONSIEUR.

Allons, Rosine,
Allons, je ne suis plus un enfant, j'imagine ;
Je sais ce que je dis.

ROSINE.

Expliquez-vous donc mieux,
Et suivez jusqu'au bout votre rôle odieux.
Messieurs, je vous prends tous à témoin que cet homme,

Malicieusement, traîtreusement, et comme
Un larron, veut ici me prendre mon honneur.
Jusqu'ici j'avais pu surmonter mon horreur,
Et je voulais cacher ce qu'il a fait d'infâme,
Mais puisqu'il ne craint pas d'insulter une femme.
Je veux tout dire,

Le regardant fixement.

Oui, tout! ces messieurs jugeront.
Et devant leur arrêt vous courberez le front
Comme fait un coupable, un criminel... Un jour.
Cet homme s'avisa de me parler d'amour;
Il daigna me trouver à son gré;... sa richesse
Il osa me l'offrir pour être... sa maîtresse.
Je priai, suppliai. Je lui dis que mon cœur
Était donné déjà... Peine perdue!... honneur.
Loyauté, sont pour lui de vains mots qu'il ignore.
Il devint plus pressant et plus cruel encore.
Que faire?... Il me savait sans appui, sans secours:
Il croyait triompher... Mon unique recours
Fut de lui déclarer que j'étais fiancée.
Hélas! pourquoi faut-il qu'une telle pensée
Me soit venue?... Alors il exigea de moi
Le nom; je le lui dis... Je ne puis sans effroi
Me rappeler ce jour et quel effet terrible

Produisit ce seul mot prononcé !... C'est horrible !
Aussitôt il pâlit... Puis son emportement
Ne connut plus de borne. Il sortit brusquement
En proférant des mots de haine, de vengeance.
Moi, ne comprenant rien à cette violence,
Je restai consternée et muette. Ah ! bientôt
Ce qu'il voulait tenter je ne le sus que trop !
Il tenait son rival... Autrefois son Mécène,
Il l'avait soutenu dans ses moments de gêne,
Recommandé, prôné ; sa récente faveur
Il la lui dut. Enfin il était son sauveur.
Mais à peine son nom s'échappa de ma bouche,
Il changea tout à coup ; son ton devint farouche ;
Ce qu'il prenait plaisir à trouver excellent,
Il le dénigre alors... Il dit que son talent
A baissé tout d'un coup ; et, qu'au lieu de génie,
Dans son œuvre on ne voit que défaut d'harmonie,
Composition sèche et commune ; qu'enfin
Ce qu'on louait en lui n'est qu'un passé lointain.
La faveur, vous savez, est souvent inconstante,
Et la foule aisément devient indifférente.
La commande cessa, l'atelier fut désert,
Le pain allait manquer... Tout ce qu'il a souffert,
Seule je puis le dire... Il avait des jours sombres.

Moi, de son noir chagrin pour dissiper les ombres,
Je l'entourais de soins; je lui disais : « Ami,
« Courage! patience! » et sur son front blêmi
Je voyais reparaître un rayon d'espérance;
Un sourire effleurait ses lèvres; mais la chance
Était toujours contraire; un travail important
Sur lequel il comptait, dont il faisait le plan,
On le lui retira. Depuis ce jour funeste
On vit de son ardeur se consumer le reste;
Il repoussait mes soins, évitait mon regard.
Il ne prit désormais aucun souci de l'art;
Un effrayant fantôme assiégeait sa pensée
Et courbait nuit et jour sa raison menacée.
Oui, tout faisait prévoir un dénoûment fatal.
Son cœur était meurtri, déchiré... Ce rival
Sur lequel sans pitié s'est acharné cet homme,
Vous l'avez deviné sans que je vous le nomme :
C'était Marcel!

BOUILHET.

Rosine!

ROSINE, désignant le financier.

Et voilà son bourreau!!!

Elle retombe épuisée. — Les élèves l'entourent.

LE MONSIEUR.

Ah ! c'est comme cela qu'on me traite ? tout beau !
Et vous aussi, messieurs, qui gardez le silence
Et semblez l'approuver. Oui, tout beau ! quand j'y pense,
Je trouve bien hardi quiconque se permet
De me donner ici des leçons... S'il me plaît
De me venger, personne, entendez-vous, personne
N'a droit de le trouver mauvais. Qu'on s'en étonne
Ou qu'on m'en blâme, moi, je n'en ai nul souci.
Je me venge, eh bien ! oui, je me venge ! En ceci
Je crois être le maître; et celui qui me fronde
Contre moi vainement usera sa faconde.
J'avais sur cette fille abaissé mon regard ;
Elle était de mon goût. Pour se faire un rempart,
Elle oppose un serment et se dit fiancée.
Ma fantaisie alors se trouvant traversée,
J'insiste pour savoir le nom de mon rival ;
Elle arrive à le dire enfin... Ce nom fatal,
C'était celui d'un homme à qui, dans sa misère,
J'avais tendu la main comme on fait pour un frère,
Que j'avais pris en bas et tiré du néant,
Que j'avais fait célèbre, oui, célèbre... Et pourtant,
Pour prix de mes bontés, pour prix de ma tendresse,

Il se met sur ma route et me prend ma maîtresse;
Et je ne me serais pas vengé? Tout de bon,
Je sais fort bien jusqu'où peut aller le pardon;
Mais devant un tel acte et devant cette offense
Je ne connais qu'un mot, un seul, c'est la vengeance!

COMTOIS.

C'est la vengeance, soit! mais c'est aller bien loin,
Monsieur, dans cette voie. Il n'était pas besoin,
Après l'avoir sauvé, de perdre ce jeune homme,
De le désespérer; de quelque nom qu'on nomme
Ce que vous avez fait, vous avez mal agi;
Et je ne sais comment vous n'avez pas rougi
Sachant l'affreux malheur dont vous êtes la cause.

LE MONSIEUR.

De quel affreux malheur parlez-vous donc? La chose
Est-elle si tragique après tout?

COMTOIS.

Quoi? comment?
Vous ne savez donc pas que Marcel...?

LE MONSIEUR.

Nullement.

COMTOIS.

Quoi ? vous ne savez pas que devant la misère
Son cœur a défailli ; qu'oubliant tout, sa mère,
Ses amis, ses parents, la femme qu'il aimait,
Dont il était aimé, l'art qui le soutenait,
Il a...

LE MONSIEUR.

N'achevez pas, monsieur, je vous devine,
Il a commis un crime, est-ce pas ? J'imagine
Que tout est réparable, et qu'on pourrait...

COMTOIS.

Hélas !
Non, son crime est de ceux qu'on ne répare pas ;
Il s'est donné la mort.

LE MONSIEUR.

Grands dieux !

LE MAITRE.

Mais c'est horrible !
C'était presqu'un enfant ; il était doux, paisible,
Il ne se plaignait pas, hélas ! pauvre martyr !

Pour en arriver là comme il a dû souffrir !

Au Monsieur.

Vous devez être aussi bien malheureux !

LE MONSIEUR.

De grâce !
Epargnez-moi, monsieur ; ah ! tout mon sang se glace !
Vous l'avez dit, je souffre, et bien cruellement.
Mais, du moins, je saurai dans un pareil moment
Faire ce que je dois ; j'adopterai la mère.
Elle permettra bien que j'aide à sa misère.

CÉSAR.

C'est déjà fait, monsieur.

FROTTIS.

Vous êtes en retard !
Nous nous sommes levés avant vous, mon gaillard !

LE MAÎTRE, *sévèrement*

Frottis !

FROTTIS.

Pardon !

LE MONSIEUR.

Comment ! Ne puis-je donc rien faire ?
Et quel affreux supplice ! Ah ! tout au moins j'espère
Que Rosine voudra...

ROSINE.

Rosine sait souffrir.
Gardez vos dons, monsieur. Travail et souvenir,
Voilà mon lot.

LE MONSIEUR.

Pourtant...

ROSINE.

Brisons là, je vous prie :
Vous m'avez torturée et vous m'avez meurtrie ;
Vous m'avez pris mon bien, ma joie et mon bonheur ;
Je ne vous en veux pas. Je sens que la douleur
A répandu sur moi son amère rosée,
Et que mon âme enfin, que vous avez brisée,
Au creuset du malheur va se régénérer.

LE MONSIEUR.

Rosine !

ROSINE.

Laissez-moi, j'ai besoin de pleurer.
Allez; je vous pardonne.

LE MONSIEUR.

Ah! ce pardon me tue!
Votre haine allait mieux à mon âme éperdue,
Et vous êtes vengée, et bien vengée, allez!
Oh!

Il sort effaré.

LE MAÎTRE.

Qu'il est malheureux!

CÉSAR.

Cela se voit assez.
Mais tant pis!

SCÈNE VI.

LES MÊMES, moins LE MONSIEUR.

LE MAÎTRE.

Dites donc! quelle affreuse nouvelle!
Vous dites que la mère...? Et comment vivra-t-elle?

BUREAU.

Son sort est assuré; n'ayez aucun souci;
Ce que vous auriez fait, nous l'avons fait.

LE MAÎTRE.

Merci!
Et toi, pauvre Rosine, auras-tu du courage?

ROSINE.

En ai-je donc manqué tout à l'heure?

CÉSAR.

J'enrage
De voir ce financier s'en tirer pour si peu.

Avec moi, je vous jure, il n'eût pas eu beau jeu
Oui, Rosine est trop bonne; elle devait attendre
Avant de pardonner. Le Monsieur n'est pas tendre;
Il ne donnera pas le plus petit écu,
Et sa feinte douleur ne m'a pas convaincu.

ROSINE.

Que sa douleur soit feinte ou qu'elle soit sincère,
Il n'importe. Pour moi, j'ai senti ma colère
Se fondre tout à coup quand j'ai vu son chagrin.

CÉSAR.

Ah! tu crois à cela?

BOUILHET.

Laisse là ton refrain.
Rosine a très-bien fait, montrant une âme haute,
Et su lui faire voir la grandeur de sa faute.

CÉSAR.

Elle a bien fait... enfin!...

FROTTIS.

Comme monsieur Bouilhet.
Moi, je prétends aussi que Rosine a bien fait.

Il faut savoir montrer aux gens de cette espèce
Qu'on vaut beaucoup mieux qu'eux, y compris leur richesse.

CÉSAR.

Allons ! tais-toi, gamin.

FROTTIS.

Gamin ! ne suis-je plus
Votre élève ?

CÉSAR.

Si fait.

FROTTIS.

Eh bien alors...

CÉSAR.

Motus !
Silence dans les rangs ! Pour être mon élève
A tes réflexions il faudra faire trêve.

FROTTIS.

Suffit ! On se taira.

LE MAITRE.

Messieurs, à la leçon !
Nous avons à payer une forte rançon ;

Que le travail béni nous aide à cette tâche!
Reprenons nos pinceaux ; travaillons sans relâche ;
Nous avons une mère à nourrir.

Les élèves se remettent à leurs chevalets et Rosine reprend la pose.

Le maître, regardant la toile de Comtois.

Ah! c'est mieux.
Vous avez profité de mes conseils. Les yeux
Sont bien un peu noyés, mais la bouche est charmante ;
Ne la trouvez-vous pas un peu trop violente
La couleur de l'habit? Fondez-moi tout cela
Dans un coup de lumière... Oui, c'est compris, voilà.

Regardant derrière Bureau.

Et vous, monsieur Bureau, ce n'est pas mal, en somme ;
Mais il faudrait tâcher d'asseoir votre bonhomme.
Il manque d'équilibre et tombera, bien sûr !
Avancez votre banc, il est trop près du mur.
La teinte générale est un peu monotone ;
Allons, du parti pris ! la tête sera bonne
Quand vous aurez un peu réchauffé votre fond.
La couleur, vous savez, n'est qu'opposition,
Affaire de valeurs... Malgré tout, cela marche.

Allant vers Lucien.

Vous, monsieur le rêveur, monsieur le patriarche,
Puisqu'il est convenu que vous avez cent ans ;

LUCIEN.

Cent ans! moi? j'en ai vingt.

LE MAITRE.

C'est toi qui le prétends,

César.

CÉSAR.

Je le dis vieux parce qu'il est austère;
Et pourtant ce matin... enfin je veux me taire
Et ne pas réveiller le chat qui dort.

LE MAITRE, à Lucien.

Voyons,
Avez-vous retenu mes dernières leçons?
Avez-vous dessiné comme il faut? La peinture,
C'est charmant, je le sais; mais devant la nature
On devient impuissant quand il faut tâtonner.
En face d'elle on doit lui pouvoir tout donner.
Ah! vous ferez un peintre, et de la bonne école.
C'est moi qui vous le dis, croyez en ma parole.
Mais il faut pour cela ne rien mettre au hasard.

CÉSAR.

Le hasard ! mais tu sais que c'est mon Dieu.

LE MAITRE.

Bavard !

Vas-tu recommencer ta thèse ridicule ?

CÉSAR.

Ridicule !...

LE MAITRE.

Oui, le mot est juste. Sans scrupule
Oses-tu te montrer si dépourvu de sens ?
Voyez-vous le hasard qui crée ?... A tes dépens
Tu fais rire, vois-tu.

CÉSAR.

N'aurais-tu pas mémoire
D'un peintre qui voulant, à ce que dit l'histoire.
Représenter l'écume au mors de son cheval,
Et ne pouvant trouver dans tout son arsenal
Les tons qui convenaient, eut la sublime idée
De jeter sur la toile une éponge imbibée
De toutes les couleurs de l'arc-en-ciel ? Eh bien,

Cela lui réussit à merveille. Convien
Qu'en cela le hasard fit mieux que la science,
Et qu'en art comme en tout on peut avoir la chance.

LE MAITRE.

D'abord, ton conte est fait pour les petits enfants,
Et tu peux laisser là tes airs si triomphants.
Mais je veux un instant, pour te complaire, admettre
Que cet exemple puisse être pris à la lettre;
Qu'est-ce que cela prouve, après tout ?

CÉSAR.

Ah! permets!

LE MAITRE.

Non, je ne permets rien; je n'admettrai jamais
Que le simple hasard tienne lieu de science;
Toi non plus, je le sais; je te connais d'enfance.
Ces choses, tu les dis par esprit de parti,
Oui, mais ton sens est juste et n'est pas perverti.
Conviens donc avec moi, sans résistance vaine,
Que l'art rend en plaisir ce qu'on lui donne en peine;
Et que les plus fameux, Titien, Raphaël,
Trempaient dans le travail leur génie immortel.
Ils nous montrent la voie et comment il faut faire.

Çà, messieurs, je vous laisse; au revoir! un notaire
M'arrive de Champagne exprès pour son portrait.
Le bonhomme est toqué de peinture; et, de fait,
La tête est assez bonne. Adieu! Je vais l'attendre.

CÉSAR.

A l'honneur de le voir ne pouvons-nous prétendre,
Ce brave garde-note?

LE MAÎTRE.

Eh! si.

FROTTIS.

Monsieur César!
Quand me donnerez-vous une leçon?

CÉSAR.

Plus tard.

FROTTIS.

Mais...

CÉSAR.

Ah! je n'aime pas, vois-tu, qu'on m'importune,
Plus tard.

FROTTIS.

Promettez-moi que je ferai la lune,
Dites, monsieur !

Il s'enfuit en riant.

CÉSAR, le poursuivant.

Coquin !

BUREAU.

Il est drôle vraiment,
Ce Frottis.

Le maître, Comtois, Bureau et Bouilhet sortent.
Rosine va pour sortir aussi. Lucien lui fait signe de rester.

SCÈNE VII.

LUCIEN, ROSINE.

LUCIEN.

Voulez-vous demeurer un moment,
Rosine ?

ROSINE.

Volontiers, monsieur Lucien.

LUCIEN.

Rosine.

Vous vous êtes montrée adorable, divine ;
Vous avez noblement pris soin de votre honneur ;
On n'a pas plus d'esprit, on n'a pas plus de cœur.
Pendant que vous parliez tout à l'heure, en mon âme
J'ai senti tout à coup s'allumer une flamme ;
Je suis riche, et de moi libre de disposer ;
Rosine, répondez, voulez-vous m'épouser ?

ROSINE, avec étonnement.

Vous épouser !!!... Ce jour comptera dans ma vie
Parmi les jours bénis, parmi ceux qu'on envie ;
Il me rappellera combien vous fûtes bon ;
Et votre attachement, si pur et si profond,
A pénétré mon âme et l'a sanctifiée.
Mais aussi ma vertu s'en est fortifiée ;
Le bien que vous m'offrez, je le refuse.

LUCIEN.

Eh ! quoi !
Ne suis-je pas sincère, et doutez-vous de moi ?

ROSINE.

Non, je ne doute pas et je vous sais sincère.
Mais d'agir comme il faut j'ai le devoir austère.
Et ne saurais compter pour un engagement
Ce qui n'est que l'effet de l'ardeur d'un moment.
Tantôt vous m'avez vue accuser et maudire.
Pleurer et pardonner; et mon triste martyre
Vous a touché; c'est tout. Allez, monsieur Lucien.
Ce que vous faites là, c'est généreux, c'est bien.
Mais à chacun son rôle. A moi, votre modèle.
Souhaitez-moi qu'à l'art je demeure fidèle
Et que ce talisman, par qui j'ai résisté.
Je te garde toujours, ô sainte liberté!
Je te dois, Dieu merci, la force et le courage.
Pour celui qui travaille il n'est pas de naufrage;
Au milieu des écueils son âme rebondit;
Le malheur peut courber, mais le travail grandit.

LUCIEN.

Noble fille!

ROSINE.

Songez à votre destinée.

BIBLIOTHÈQUE NATIONALE BN

A ce que vous devez à votre renommée,
A ce que l'on dirait dans votre monde à vous.
Un modèle ! fi donc !

LUCIEN.

Moi, je les brave tous !
Que m'importent les cris d'une foule importune ?
Que me font ses raisons ? Moi, je n'en connais qu'une :
Je vous aime ! C'est là mon unique raison,
Et ma vie, à présent, n'a plus d'autre horizon,
Être à vous ! — Faut-il donc que je me sacrifie
Parce que des badauds animés par l'envie
S'efforceront de faire obstacle à mon bonheur ?
Non, je veux n'écouter que la voix de mon cœur.
D'autres me donneraient peut-être la richesse ;
Je ne recherche, moi, que dévoûment, tendresse,
Et chez vous je suis sûr de trouver tout cela.
Je vous offre ma main, Rosine, prenez-la.
Il est temps qu'à la fin je sois un peu mon maître.
Qu'à d'imprudents censeurs je me fasse connaître :
Ils sauront qu'un projet, une fois arrêté,
De ma tête n'est pas aisément écarté.
Je prétends juger, moi, du sort où je m'expose.
J'ai tout vu, tout pesé.

ROSINE.

Hors, peut-être, une chose.
Tremblez de vous tromper, de reconnaître un jour
Que ce que vous prenez ici pour de l'amour
N'était que du respect, de l'estime, et, que sais-je ?
Un peu de fantaisie... enfin.

LUCIEN.

Quel sacrilége !
Rosine, y pensez-vous ?

ROSINE.

Oui, j'y pense très-bien.

LUCIEN.

Moi ! me tromper ! Oh ! non, non, vous n'en croyez rien.
Vous m'êtes trop connue ; et si je vous épouse...

ROSINE.

Si vous changiez un jour, et si j'étais jalouse !...
On ne sait pas...

LUCIEN.

Jalouse !... et de qui ?

ROSINE.

Je ne sais.

LUCIEN.

Ah! vous êtes cruelle, impitoyable.

ROSINE.

Assez.

Dites, n'en parlons plus.

LUCIEN.

Parlons-en, au contraire;

Oh! parlons-en toujours, Rosine!

ROSINE.

Eh! pourquoi faire?

Puisque c'est impossible!...

LUCIEN.

Impossible!

ROSINE.

C'est dit.

Faut-il vous rappeler que dans ce jour maudit

J'ai perdu l'homme à qui mon âme était donnée.

Et pouvez-vous penser qu'en la même journée,
J'irais?... Oh!...

LUCIEN.

J'attendrai.

ROSINE.

Non, c'est bien résolu :
Laissons là ce discours; il serait superflu
Sur ce point délicat d'insister davantage.
Voyons, monsieur Lucien, vous avez en partage
Et fortune et talent, ce qu'on peut envier;
Tout au complet bonheur vous semble convier.
Que vous manque-t-il donc? Vous faut-il une amie
Dévouée, attentive, et jamais endormie,
Quand vous l'appellerez? Je serai celle-là;
Mais je ne saurais rien vous promettre au delà.
Donnez-moi votre main comme je puis la prendre :
En frère.

Lucien lui donne la main.

SCÈNE VIII.

LES MÊMES, CÉSAR, *entrant.*

CÉSAR.

Paresseux, vous vous faites attendre;
Le notaire est en pose; il est tout simplement
Magnifique: venez lui faire compliment.

LUCIEN.

César, quand vous verrez passer mademoiselle.
Inclinez-vous bien bas; c'est une sainte.

CÉSAR.

Elle?

LUCIEN.

Elle!

CÉSAR.

Rosine! sainte? Ah! bah!

LUCIEN.

Ne l'oubliez jamais.

CÉSAR.

Ma foi, j'en suis toujours pour ce que je disais.

Ils sortent.

FIN DU MODÈLE.

A MONSIEUR

ET

MADAME VANHOUTTE

« Dieu n'a pas jusqu'au bout prolongé l'agonie,
« Ils vivent tous les deux dans cette enfant bénie ! »

ALLART.

LE PREMIER SOURIRE

Sur la mère adorable et sur l'épouse aimée
Une tombe s'était à peine refermée.
La douleur fut immense en la triste maison ;
Et cependant déjà dans le sombre horizon,
Comme quand la tempête apaise sa furie,
On pouvait distinguer une faible éclaircie
Et, dans cette ombre épaisse et ce deuil si cruel,
Voir une déchirure et comme un coin du ciel...

Deux enfants étaient là, deux sœurs, qui semblaient dire :
« Vite, essuyez vos yeux ! il nous faut un sourire
Et nous ne pouvons pas vivre au milieu des pleurs ! »

Alors, pour un moment oubliant leurs douleurs,
Les pauvres affligés souriaient. Souvent même
Il leur fallait chanter, et de leur lèvre blême

S'échappait un refrain plaintif et caressant.
— Dans sa faiblesse, hélas ! c'est si fort un enfant ! —

Ces deux petites sœurs, c'était la grâce même.
La plus jeune était née à cet instant suprême
Où la tête était folle, où le cœur se brisait...

Lorsque l'enfant naquit, l'aïeule agonisait...
L'art avait épuisé ses ressources dernières ;
Le prêtre agenouillé récitait les prières ;
La mourante semblait murmurer certains mots...
Et les vagissements se mêlaient aux sanglots !...

Oh ! ce fut pour la mère une dure journée !
Supplice lamentable ! horrible destinée !
Être contrainte... Hélas ! se peut-il ? Dieu puissant !
De maudire le jour où vous naît un enfant !...

Elle supporta bien pourtant cette torture ;
Et de ses flancs meurtris oubliant la blessure,
Faisant taire les cris de son cœur déchiré,
Elle se réserva pour un devoir sacré.
Elle se fit vaillante, elle se fit robuste ;
Elle ceignit ses reins pour une tâche auguste ;

Et lorsque de l'aïeule elle eut fermé les yeux,
Lorsqu'elle eut accompli les suprêmes adieux,
Elle entendit en elle une voix inconnue
Lui disant : « Femme! allons, une enfant t'est venue ;
Il te faut être mère et laisser ta douleur!
Tes deux filles sont là qui réclament ton cœur. »

Longtemps elle entendit la voix mystérieuse
Lui tracer son devoir ; et pensive, rêveuse,
Elle comprit, sécha ses pleurs et dit : « C'est bien! »

A partir de ce jour, pas une plainte, rien!
Pourtant un souvenir plein de tristesse amère
Sous son poids incessant faisait courber la mère.
L'aïeule avait aimé... sans bornes, follement
L'un des deux chérubins, le plus grand, et l'enfant
Sentant de quel amour elle était entourée
Demandait les baisers dont elle était sevrée ;
Elle appelait la morte, et pleurait : « Je veux voir
Grand'mère » disait-elle. Et du matin au soir
Sa plainte retournait le couteau dans la plaie.

Elle devint pourtant tranquille, presque gaie.
Le Temps de son chagrin avait enfin raison

Et son gentil babil animait la maison ;
On admirait ses jeux et sa grâce mutine,
L'éclat de ses grands yeux et sa bouche câline
Qui cherchait des baisers. Et les pauvres parents
Sentaient la vie en eux revenir par torrents.
Leur cœur se remplissait d'une joie ineffable !
Et lorsqu'ils contemplaient ce spectacle adorable.
Ces deux anges charmants l'un sur l'autre inclinés.
Ils disaient : « C'est le ciel ; nous sommes pardonnés ! »

Pardonnés !... Mais un jour (aurai-je le courage
D'achever ?), sur leur front passa comme un nuage
Sombre... Des deux enfants la plus grande toussait.
On était en décembre et l'hiver sévissait.
A la mère l'époux dit : « Ton inquiétude,
Vrai ! ne se comprend pas. Ce n'est que le prélude
D'un rhume tout au plus. »
Quand il parlait ainsi.
Il sentait dans son âme entrer le noir souci.
Son esprit concevait des images funestes ;
Sa tête s'emplissait de terreur ; et ses gestes
Ne révélaient que trop le trouble de son cœur.

La fièvre vint. Bien vite on manda le docteur.

« Le cerveau s'entreprend ; nous aurons du délire ;
Je vous préviens, dit-il. Avant tout je désire
Que l'on ne fasse entrer personne auprès du lit ;
Car il faut du repos et du calme. »
Il sortit...
Il sortit, et soudain au fond de leurs entrailles
Ils sentirent un choc aigu... Les funérailles,
Le cortége effrayant des choses de la mort
Passèrent sous leurs yeux...
Eux, d'un commun accord
Ils cherchaient cependant à tromper leur misère.
« Tu vois, c'est du repos qu'il faut, » disait le père.
Et la mère disait : « Nous la soignerons bien !...
Mais les pauvres martyrs, ils n'espéraient plus rien...
L'enfant mourut !...
Il faut renoncer à décrire ;
Ici la force manque et le courage expire...
Nous ne voudrions pas d'une telle douleur
Dénoncer les éclats et blesser la pudeur.
Ce fut horrible !...
Un jour, (c'était un mois à peine
Après le jour fatal) : « Allons voir Madeleine,
Dit le père ; il ne fait pas froid ; nous irons tous
Et nous emmènerons la petite avec nous.

En la couvrant bien... Vois, le soleil va paraître. »

La mère, en l'entendant, sentit dans tout son être
Courir comme un frisson d'ineffable douceur,
Et son sang à grands flots reflua vers son cœur.

C'est que depuis le temps que durait leur misère.
Depuis un mois mortel, jamais le pauvre père
N'avait encor parlé de la petite sœur,
De celle que le ciel leur gardait pour sauveur.
De son côté l'enfant était grave et rêveuse,
Presque triste; et jamais sa lèvre sérieuse
N'avait vu le sourire ébaucher un contour.

On partit; et l'enfant qu'on portait tour à tour
S'animait. Le soleil s'était mis de la fête;
L'air était embaumé. Déjà la pâquerette
Au revers du chemin étalait ses trésors;
Déjà le rossignol essayait ses accords.
Chaque objet revêtait une grâce infinie;
Tout parlait de bonheur, tout était harmonie;
Et le doux chérubin avec son front vermeil
Semblait de la nature annoncer le réveil.

On arriva bientôt au triste cimetière,
Et l'on se dirigea lentement vers la pierre
Sous laquelle gisaient des restes adorés.
Là, l'époux et la mère, haletants, éplorés,
Sentent se réveiller leur amère souffrance
Et tombent à genoux...
Après un long silence
Ils regardent l'enfant... O prodige! ô bonheur!
O joie inespérée! ô céleste splendeur!
Ainsi que le soleil qui perce le nuage
Un rayonnant sourire éclairait son visage...

Le père alors la prit dans ses bras triomphants
Et dit : « Je suis heureux, car j'ai mes deux enfants;
Dieu n'a pas jusqu'au bout prolongé l'agonie;
Ils vivent tous les deux dans cette enfant bénie! »

Brienne, 25 février 1877.

A MADAME

MARIE PAPE-CARPANTIER

DIRECTRICE GÉNÉRALE DES SALLES D'ASILE

Comme le diamant illumine de ses feux tout ce qui l'environne, j'ai pensé qu'un grand nom dans mon petit livre lui communiquerait un peu de son éclat.

ALLART.

LETTRE

ADRESSÉE PAR L'AUTEUR

A MADAME MARIE PAPE-CARPANTIER

A PROPOS DE SON ADMISSION

DANS LA

SOCIÉTÉ LITTÉRAIRE L'*AUBÉPINE*

Puisque vous m'appelez, madame,
Dans le groupe plein de ferveur
Où l'on voit rayonner votre âme,
Où l'on sent battre votre cœur ;

Puisque parmi des noms qu'on aime
Et par le talent consacrés
Vous voulez, par faveur extrême,
Mettre un nom des plus ignorés ;

J'accepte votre patronage,
Et dans le bataillon vermeil
J'espère que mon voisinage
Fera peu d'ombre au gai soleil.

Barbe grise aime tête blonde,
— Demandez comment et pourquoi —
Et cette alliance féconde
C'est le dogme saint, c'est la loi!

C'est la loi que tout se compense :
Par l'âge mur les jeunes ans,
Les mauvais jours par l'espérance,
Et par l'automne le printemps.

Si le printemps fait la promesse,
C'est à l'automne à la tenir ;
Tendons la main à la jeunesse
Et préparons-lui l'avenir.

Aussi, souffrez que je réclame
Ma part de ce pieux labeur ;
Et qu'à votre exemple, madame,
Je m'y dévoue avec mon cœur.

J'aime votre maison sereine
Où, dès qu'on a franchi le seuil,
On sent la grâce souveraine
Et le doux parfum de l'accueil ;

J'aime votre cher entourage,
Vos amis qui seront les miens ;
Aussi comptez sur mon bagage
Quand viendra le tour des anciens.

Alors j'acquitterai ma dette.
Aujourd'hui sans plus de discours
A L'AUBÉPINE je souhaite
La bienvenue et de longs jours.

Brienne, 20 janvier 1877.

A

MON AMI FERDINAND JOLY

Vous racontiez ; j'écrivais...

ALLART.

UNE

HISTOIRE DE REVENANT

Non, mon cher Ferdinand, jamais je ne croirai
Qu'à moins d'être très-jeune ou très-fort enfiévré,
Pour un fait, merveilleux, mais toujours explicable,
On puisse concevoir une frayeur semblable.
Un rapide examen est toujours suffisant
Pour juger le prodige et montrer son néant,
Réduire le miracle à sa juste importance
Et du cerveau troublé guérir l'incohérence.
Je m'étonne que vous, si brave et si sensé,
Vous, dont l'esprit est droit et n'a jamais baissé,
Vous alliez soutenir une semblable thèse
Et comprendre la peur, cette chose mauvaise,

En matière de rêve ou bien de revenants.
Il faut garder cela pour les petits enfants!
— Oui, malgré mon bon sens et malgré mon courage
Qu'il vous plaît de citer avec trop d'avantage,
En face d'un fantôme ou d'un rêve trompeur
J'excuse la faiblesse et j'admets qu'on ait peur.
Je ne saurais taxer de frayeur imbécile
L'effet produit sur nous par un sujet... futile,
Je vous l'accorde, au fond, mais que l'heure et le lieu
Peuvent rendre effrayant et sinistre. — Pardieu!
J'aurais voulu vous voir à ma place, vous, l'homme
Que pour sa fermeté, pour sa force on renomme.
Oh! j'étais comme vous, et je croyais, jadis,
Qu'on ne pouvait avoir un assez grand mépris
Pour qui se laissait prendre à la vaine apparence,
Avait peur de son ombre, et, contre l'évidence,
Au fait le plus commun, vu d'un certain côté,
Faisait le triste honneur de sa crédulité.
Les lâches, je les hais; mais je veux qu'on excuse
L'homme de bonne foi qu'une chimère abuse.
La frayeur peut souvent être de bon aloi;
Et cette excuse-là, j'en ai besoin pour moi.
— Pour vous?

— Pour moi.

— Vraiment ! En effet, tout à l'heure,
Ne me parliez-vous pas d'une affaire... majeure ?
— Oh ! si je vous contais ce qui m'est arrivé,
Votre doute, mon cher, serait bientôt levé.
— Quoi donc ? Vous m'effrayez. C'était donc bien terrible ?
La peur me prend déjà.

Il rit.

— Railleur incorrigible !
Ce qui m'est arrivé, ce n'était rien au fond.
Il n'était pas besoin d'un calcul bien profond
Pour en prévoir l'effet et s'en rendre bien compte.
Mais la secousse fut si terrible et si prompte
Que j'eus peur, j'en conviens, mais peur pour tout de bon !
Et c'est pourquoi, mon cher, je comprends le pardon.
— Contez-moi donc cela.

— Je devrais bien me taire
Plutôt que de passer pour un visionnaire
Et subir les dédains de votre esprit moqueur.
Pourtant je veux savoir si vous aurez le cœur
De rire jusqu'au bout... Écoutez, je commence :
J'ai pendant quelque temps...

— Oh ! je frémis d'avance
Comme quand on est près de grands événements !

Il rit.

— Ne m'interrompez pas... J'ai pendant quelque temps
Habité la Champagne et la ville de Troye,
Où je représentais pour les tissus de soie
Une bonne maison du quartier Saint-Denis.
Mon travail me donnant parfois certains répits,
Je fis la connaissance agréable et facile
D'un jeune médecin distingué de la ville.
Il était séduisant, instruit, grand travailleur ;
J'aimais de mon côté l'étude avec fureur ;
Nous ne tardâmes pas à très-bien nous entendre
Et même à nous lier d'une affection tendre.
Plus tard et par malheur nous fûmes désunis ;
Mais alors nous étions les meilleurs des amis.
J'accompagnais souvent le docteur en visite ;
La chirurgie était mon passe-temps d'élite.
Ayant en ce temps-là quelque dextérité,
Je lui donnais parfois un avis écouté ;
Et quand à l'hôpital il était de semaine,
C'était pour moi toujours une excellente aubaine
De pouvoir l'assister dans les dissections.
J'avais du personnel toutes permissions ;
Et, ma foi, j'en usais largement, je vous jure.
Un soir, c'était l'hiver, la nuit était obscure
Et l'on ne voyait rien à deux pas devant soi.

Quand huit heures sonnaient à l'antique beffroi,
Nous entrâmes tous deux dans la petite salle
Où restaient exposés les morts; et sur la dalle
Un cadavre gisait, hideux et décharné,
Aux os saillants, au teint rugueux et basané.
Un vieux quinquet fumeux sur la face camarde
Projetait tristement une lueur blafarde,
Terreuse, faite d'ombre; et de tons froids et lourds
Du corps rigide et grêle estompait les contours.
Pauvre vieille! elle était morte dans la journée;
Et comme objet d'étude on l'avait amenée.
La lèvre était pendante; et les yeux grands ouverts
Semblaient nous regarder fixement. Des tons verts
Faisaient sur la poitrine un affreux tatouage.
Des cheveux gris collés encadraient le visage.
Dans la bouche béante et noirâtre, deux dents
Jaunes apparaissaient. Enfin ce que les ans
Et la peine pouvaient enfanter de sordide,
De vil, enveloppait ce cadavre livide.
Pourtant, quand on avait triomphé de l'horreur
Et qu'on regardait mieux ces traits pleins de laideur,
Sur cette face pâle, ignoble et refrognée,
On démêlait un air de douceur résignée.
On sentait que la vie, en ce corps languissant,

N'avait été qu'un long et dur effacement ;
Qu'elle avait du malheur été le vrai symbole ;
Et le martyre lui faisait une auréole !
Il faisait grand'pitié, ce pauvre être flétri !
Et nous le regardions d'un regard attendri.
Mais comme il était temps de nous mettre à l'ouvrage,
Nous fûmes bien forcés de reprendre courage,
Et de résolûment attaquer le morceau.
Nous voilà donc plantés sur le grand escabeau ;
Et, le scalpel en main, silencieux et sombre,
Cherchant à dégager la lumière de l'ombre,
Le docteur pour son lot prend l'appareil crural.
Il m'avait chargé, moi, du plexus brachial ;
Et bien le mettre à nu n'est pas chose facile ;
On y voit échouer parfois le plus habile.
Aussi, sur mon travail attentif et courbé,
Je vous laisse à penser si j'étais absorbé !
J'avais abandonné la vie extérieure
Et n'avais plus du tout conscience de l'heure.
Mon ami le docteur n'était plus près de moi ;
Il était donc bien tard !... Tout à coup le beffroi
Résonna lentement dans sa cage de bronze.
Un — deux — trois — quatre — cinq — six — sept —
[huit — neuf — dix — onze.

Onze heures ! quoi ! déjà ? pensais-je. — Mais soudain
Un dernier coup — MINUIT ! — éclata sur l'airain ;
Et sa vibration n'était pas terminée
Que le quinquet, prenant une allure effrénée,
S'éteignit et dans l'air oscilla bruyamment
En faisant de grands ronds sanglants. Au même instant
Je ressentis un coup violent au visage.
Je ne pouvais douter d'où me venait l'outrage ;
J'avais senti la main et sa rigidité ;
La vieille se vengeait et m'avait souffleté !
Le choc était soudain et l'heure solennelle.
Il faisait noir ; de feu pas la moindre étincelle.
Je fus anéanti, stupide de terreur,
Et mes genoux sous moi se dérobaient !... J'eus peur !...
Ma tête s'emplissait de visions funèbres ;
Je ressentais le froid et l'horreur des ténèbres !...
Enfin, lorsque mes sens furent moins effarés,
J'appelai... Je hurlai... Mes cris désespérés
Furent heureusement entendus. La portière
Réveillée en sursaut apporta la lumière ;
Et je pus voir enfin avec toute clarté
La cause de l'alerte et sa réalité.
Je vous l'ai dit, j'avais dans notre œuvre commune
Obtenu du docteur, comme bonne fortune,

Le lot de disséquer le plexus. Or il faut
Du sujet en ce cas dresser le bras très-haut,
Cette opération se faisant sous l'aisselle.
J'avais noué la main avec une ficelle
Que j'avais attachée aux branches du quinquet ;
De cette façon-là je voyais plus au net
(Le quinquet étant plus rapproché de ma vue)
A l'opération qui m'était dévolue.
Tout fut au mieux d'abord, et cet agencement
A ma dure besogne allait parfaitement.
Mais la ficelle était trop mince ou mal fixée
Apparemment. Du bras la tension forcée
Avait rompu l'attache ; en sorte que la main
N'étant plus retenue et libre de son frein
Reprit violemment sa première attitude
Et s'en vint appliquer ce soufflet sec et rude
Sur ma joue à portée. Et, par le même effet,
Délivré de l'entrave à son tour, le quinquet
Fut lancé brusquement d'un mouvement contraire.
Et l'oscillation éteignit la lumière.

Cela vu, n'est-ce pas, de son côté réel
N'a rien que de bien simple et de fort naturel.
Cela pouvait, devait forcément se produire.

— Quant à l'heure où le fait se passa, l'on peut dire,
Sans être trop hardi ni faire l'esprit fort,
Sans avec le bon sens se mettre en désaccord,
Que minuit est une heure après tout comme une autre.
Voilà mon sentiment ; et c'est bien sûr le vôtre.
Voyez, je suis bon prince et vous veux concéder
Ce qu'à ma loyauté vous pouvez demander.
Il n'est dans tout cela miracle ni prodige,
Et du surnaturel pas le moindre vestige.
Cela, je vous l'accorde ; et, pourtant, malgré moi
Je ne pourrai jamais y songer sans effroi.
Je sentirai toujours la main sèche et rigide
S'abaisser brusquement, et, d'un geste rapide,
Me cingler le visage... Allez! moquez-vous bien,
Raillez-moi, s'il vous plaît. Moi, je n'écoute rien.
Contre toute raison ma peur est la plus forte ;
Et, tant que je vivrai, cette terrible morte,
Empruntant à la nuit son hideux appareil,
Par d'affreux cauchemars troublera mon sommeil.
Eh ! vous ne riez plus ?

— J'avoue avec franchise
Que ce récit n'a rien qui vous ragaillardise ;
Et que votre sujet, sur le coup de minuit,
En vous cinglant si fort s'est assez mal conduit.

Aussi, pour éviter une alerte nouvelle,
Je vous engage… à mieux attacher la ficelle
Quand vous disséquerez le plexus brachial.

Il rit.

— Tenez, je vous déteste, ergoteur infernal!

Brienne, le 10 mai 1877.

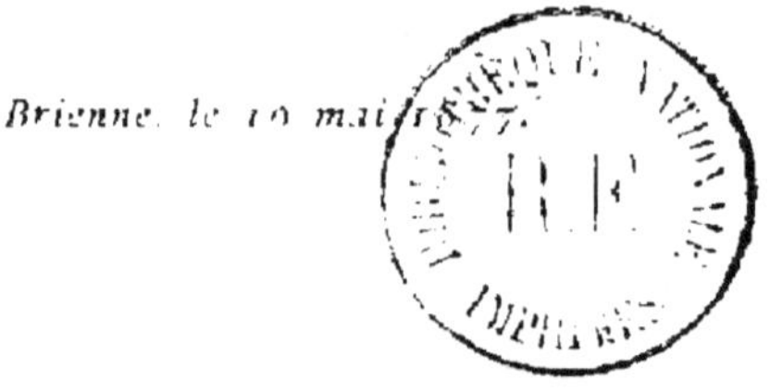

FIN

TABLE

Une Reprise de Hernani. 7

Le Modèle. 47

Le Premier sourire. 107

Epître a madame Pape-Carpantier. 117

Une Histoire de revenant. 123

BIBLIOTHEQUE NATIONALE DE FRANCE
3 7531 02376633 1

www.ingramcontent.com/pod-product-compliance
Lightning Source LLC
LaVergne TN
LVHW050417160826
845677LV00002BA/404

* 9 7 8 2 3 2 9 7 7 1 9 0 8 *